ASPECTOS JURÍDICOS DA REPRODUÇÃO HUMANA ASSISTIDA

COMENTÁRIOS À RESOLUÇÃO 2.121/2015 DO
Conselho Federal de Medicina

Eduardo Dantas
Marianna Chaves

ASPECTOS JURÍDICOS DA REPRODUÇÃO HUMANA ASSISTIDA

COMENTÁRIOS À RESOLUÇÃO 2.121/2015 DO CONSELHO FEDERAL DE MEDICINA

Rio de Janeiro
2018

1ª edição – 2018

© Copyright
Eduardo Dantas / Marianna Chaves

CIP – Brasil. Catalogação-na-fonte.
Sindicato Nacional dos Editores de Livros, RJ.

D211a

Dantas, Eduardo
    Aspectos jurídicos da reprodução humana assistida: comentários à resolução 2.121/2015 CFM / Eduardo Dantas, Marianna Chaves. - 1. ed. - Rio de Janeiro: LMJ Mundo Jurídico, 2017.
    208 p.: il.; 23 cm.

    Inclui bibliografia e índice
    ISBN 978-85-9524-024-7

    1. Direito de família. I. Chaves, Marianna. II. Título.

17-44438
                                                    CDU: 347.6

    O titular cuja obra seja fraudulentamente reproduzida, divulgada ou de qualquer forma utilizada poderá requerer a apreensão dos exemplares reproduzidos ou a suspensão da divulgação, sem prejuízo da indenização cabível (art. 102 da Lei nº 9.610, de 19.02.1998).

    Quem vender, expuser à venda, ocultar, adquirir, distribuir, tiver em depósito ou utilizar obra ou fonograma reproduzidos com fraude, com a finalidade de vender, obter ganho, vantagem, proveito, lucro direto ou indireto, para si ou para outrem, será solidariamente responsável com o contrafator, nos termos dos artigos precedentes, respondendo como contrafatores o importador e o distribuidor em caso de reprodução no exterior (art. 104 da Lei nº 9.610/98).

    As reclamações devem ser feitas até noventa dias a partir da compra e venda com nota fiscal (interpretação do art. 26 da Lei nº 8.078, de 11.09.1990).

Reservados os direitos de propriedade desta edição pela
EDITORA GZ

contato@editoragz.com.br
www.editoragz.com.br

Av. Erasmo Braga, 299 - sala 202 - 2º andar – Centro
CEP: 20020-000 – Rio de Janeiro – RJ
Tels.: (0XX21) 2240-1406 / 2240-1416 – Fax: (0XX21) 2240-1511

Impresso no Brasil
Printed in Brazil

"It is a capital mistake to theorize in advance of the facts. Insensibly one begins to twist facts to suit theories, instead of theories to suit facts."

Arthur Conan Doyle – A Scandal in Bohemia

PREFÁCIO

A publicação do livro **ASPECTOS JURÍDICOS DA REPRODUÇÃO HUMANA ASSISTIDA,** traz necessárias reflexões, definições e uma revisão sobre a diversidade regulatória, seja por lei ou por diretriz, que a reprodução humana está submetida no Brasil.

Dentre todos os ramos do Direito da Saúde, talvez o da reprodução humana seja aquele onde existe a maior necessidade de diálogo entre o Direito e a Medicina. Entretanto, é o que se mostra mais carente no estabelecimento de um idioma comum, o que se traduz na quase inexistência de normas éticas e regras jurídicas para nortear o trabalho dos médicos e profissionais de saúde envolvidos.

O nascimento de Louise Brown em julho de 1978 é o grande marco da era moderna de Reprodução Assistida, que contabiliza mais de 6 milhões de nascimentos no mundo inteiro. O Brasil tem papel importante nesse contexto com mais de 200 clínicas de fertilização, presentes em todos os Estados do território nacional, sendo hoje responsáveis por 25 a 30 mil ciclos por ano, e totalizando cerca de 50% das fertilizações realizadas na America Latina.

A complexidade do desejo de ter filhos está ligada à ideia de que cada indivíduo tem sua identidade, seu projeto parental e sua estrutura familiar, e que não há lugar na atualidade para imposição de uma única moral.

Neste sentido, a obra nascida do trabalho dos juristas Eduardo Dantas e Marianna Chaves preenche uma lacuna, e se presta a lançar luz sobre temas e problemas ainda em constante evolução e rápida transformação.

A visão do Direito sobre temas da Medicina é sempre bem-vinda, trazendo benefícios para todos os que necessitam conhecer as implicações da ciência, para o estabelecimento de relações mais seguras, do ponto de vista médico, ético, jurídico e humano.

Trata-se de mais uma conquista da sociedade brasileira e que certamente irá contribuir nas discussões acerca da ética na reprodução assistida.

A todos envolvidos meu grande apreço e admiração pela obra.

Dra. Madalena Caldas

Especialista em reprodução humana pela SBRA – Sociedade Brasileira de Reprodução Humana. Pós-Graduada em Fertilização *in vitro* e esterilidade conjugal pela Santa Casa de Misericórdia de São Paulo. Título de diretora clínica em reprodução humana pela RedLara – *Red Latinoamericana de Reproducción Asistida*. Membro da Sociedade Americana de Reprodução Assistida e membro da Sociedade Europeia de Reprodução Humana.

APRESENTAÇÃO

Conforme Eugène Ionesco, *"Devemos escrever para nós mesmos, é assim que poderemos chegar aos outros"* e valho-me desta citação por tê-la como extremamente apropriada, tanto em relação à obra, como dos seus autores.

Coincidentemente conheci Marianna Chaves em um Congresso na cidade de Curitiba, no Brasil e onde se tratava exatamente sobre o Direito de Família, oportunidade em que pude notar seu interesse pela matéria, constatando, todavia, não se interessar apenas por esse ramo jurídico, mas tudo o que pudesse respeitar ao direito.

Posteriormente e em oportunidades outras, tanto no Brasil, quanto em Portugal, tive ensejo de novamente manter contato com a autora, confirmando, então, a impressão que tivera, sendo que a essa época ela já estava preparando e mesmo encerrando seu doutorado na Universidade de Coimbra, sem prejuízo de, enquanto ali estudava, escrever e publicar outros textos jurídicos, versando temas e aspectos variados do direito.

Assim e desde tecer considerações sobre o princípio da autonomia e a escolha esclarecida, o mesmo se dando quanto à arbitragem e efeitos e responsabilidade por seu descumprimento; responsabilidade dos pais por alimentos aos filhos, sua execução e o delito de abandono.

Ademais e também ao matrimônio entre pessoas do mesmo sexo; venda internacional de navios; gestação de substituição em Portugal e um livro tratando da homoafetividade e o direito, além de assuntos outros, destinou seu tempo e conhecimento, em muito contribuindo para o universo jurídico, mercê da dedicação e rigor científico a que sempre se impôs.

Não bastando isso, ainda conseguiu estudar a *reprodução assistida* e preparar, em coautoria, este livro, onde ambos os autores apreciam, com detalhamento e técnica aprofundada, a *reprodução assistida*, do qual é possível inúmero e farto debate, consoante as circunstâncias concernentes às situações que a vida apresenta, na variedade que nos oferece.

Se em outros países já existia a regulamentação a respeito, no âmbito do direito brasileiro é ela recente, porquanto e a partir do Código Civil atual, editado em 2002, com vigência a partir de 2003, é que passou a legislação a tratar da matéria aí, então, se iniciando seu exame na doutrina apropriada.

A experiência legislativa estrangeira, o mesmo se dando no tocante ao que a doutrina deliberou sobre o assunto, com importância em relação às consequências jurídicas que de tal forma de inseminação resultam e eventuais questionamentos que causa, por lógico que incentivaram a que o livro fosse escrito, permitindo o afinco e a experiência dos autores a edição de trabalho qualificado e cuja leitura se recomenda.

A forma dedicada como escrita a obra – o que se sua leitura permitirá inferir - é a demonstração de como seus autores *a fizeram para si mesmos*, sendo evidente que com isto *a farão chegar aos outros* e aqui a razão de haver-se citado Ionesco, ao iniciar.

Antônio Carlos Mathias Coltro
Desembargador do Tribunal de Justiça de São Paulo
Presidente do Instituto Brasileiro de Direito Constitucional

SOBRE OS AUTORES

EDUARDO VASCONCELOS DOS SANTOS DANTAS
Advogado, inscrito nas Ordens do Brasil e Portugal. Especialista em Direito de Consumo pela *Universidad de Castilla-La Mancha*, Espanha. Mestre em *Medical Law* pela *University of Glasgow*, Escócia. Doutorando em Direito Civil pela Universidade de Coimbra, Portugal. Membro do Board of Governors, e Vice-presidente da World Association for Medical Law. Vice-presidente da Asociación Latinoamericana de Derecho Médico. Membro da *Association de Recherche et de Formation en Droit Médical*. Fundador, e membro da junta diretiva da ALDIS – Associação Lusófona de Direito da Saúde. Autor de diversos artigos publicados no Brasil, Portugal, Israel, EUA, Polônia, República Tcheca, e França. Autor dos livros *Direito Médico* (Editora GZ, 2009), *Comentários ao Código de Ética Médica* (Editora GZ, 2010) e *Droit Médical au Brésil* (Editora GZ, 2013). Membro da Comissão Especial de Direito Médico e da Saúde do Conselho Federal da Ordem dos Advogados do Brasil.
e-mail: eduardodantas@eduardodantas.adv.br

MARIANNA CHAVES
Doutoranda em Direito Civil pela Universidade de Coimbra em regime de cotutela com a Universidade de São Paulo. Possui graduação em Direito pelo Centro Universitário de João Pessoa – UNIPÊ (2006); Especialização em Ciências Jurídicas pela Universidade de Lisboa (2008); Pós-Graduação em Filiação, Adoção e Proteção de Menores pela Universidade de Lisboa (2008); Pós-Graduação em Direito da Bioética e da Medicina pela Associação Portuguesa da Direito Intelectual e Universidade de Lisboa (2008); Curso Breve de Pós-Graduação em Consentimento Informado pelo Centro de Direito Biomédico/Universidade de Coimbra (2010); Mestrado em Ciências Jurídicas pela Universidade de Lisboa (2010); Pós-Graduação em Proteção de Menores pelo Centro de Direito da Família/

Universidade de Coimbra; Curso Breve de Pós-Graduação em Direito e Medicina da Reprodução pelo Centro de Direito Biomédico/Universidade de Coimbra (2016). Secretária de Relações Internacionais do Instituto Brasileiro de Direito de Família (IBDFAM), Membro da *International Society of Family Law*, da *American BAR Association, World Association for Medical Law* e da *European Society of Human Reproduction and Embryology*. Pesquisadora do THD, Centro de Investigação da ULisboa. Advogada, Consultora e Investigadora com livros, artigos e capítulos de obras coletivas publicadas no Brasil e no exterior.

e-mail: mariannachaves@eduardodantas.adv.br

LISTA DE ABREVIATURAS

2 PN	*2 Pronuclear Embryo*
AC	Apelação Cível
AI	Agravo de Instrumento
ADI	Ação Direta de Inconstitucionalidade
ADPF	Arguição de Descumprimento de Preceito Fundamental
AgRg	Agravo Regimental
ANVISA	Agência Nacional de Vigilância Sanitária
ART	*Assisted Reproduction Technologies*
Art.	Artigo
BCTG	Banco de Células e Tecidos Germinativos
C.	Câmara
CC	Código Civil
CDC	Código de Defesa do Consumidor
CF	Constituição Federal
CFM	Conselho Federal de Medicina
Cfr.	Conferir
CID	Classificação Estatística Internacional de Doenças e Problemas Relacionados com a Saúde
Cit.	citado
CJF	Conselho da Justiça Federal
CNJ	Conselho Nacional de Justiça
CNPMA	Conselho Nacional de Procriação Medicamente Assistida (Portugal)
Cons.	Conselheiro
CP	Código Penal
CPC	Código de Processo Civil
CRFB	Constituição da República Federativa do Brasil

CRM	Conselho Regional de Medicina
Des.	Desembargador
DGPI	Diagnóstico Genético Pré-Implantação
DNA	Ácido Desoxirribonucleico
DNV	Declaração de Nascido Vivo
DST	Doença Sexualmente Transmissível
EI	Embargos Infringentes
FIOCRUZ	Fundação Oswaldo Cruz
FIV	Fertilização *In Vitro*
FSH	Hormônio Folículo Estimulante
GM	Gabinete do Ministro
GnRH	Hormônio Liberador de Gonadotrofina
h	Horas
HC	*Habeas Corpus*
hCG	Gonadotrofina Coriônica Humana
HLA	Antígeno Leucocitário Humano
HIV	Vírus da Imunodeficiência Humana
ICSI	Injeção Intracitoplasmática de Espermatozoides
IVF	*In Vitro Fertilization*
IVG	Interrupção Voluntária da Gravidez
j.	Julgado em
LGBTI	Lésbicas, Gays, Bissexuais, Transgêneros e Intersexuais
LH	Hormônio Luteinizante
LINDB	Lei de Introdução às Normas do Direito Brasileiro
Min.	Ministro
MS	Mandado de Segurança
MST	*Maternal Spindle Transfer*
mtDNA	DNA mitocondrial
NSCGJ	Normas de Serviço da Corregedoria Geral de Justiça
OMS	Organização Mundial da Saúde
ONU	Organização das Nações Unidas
PMA	Procriação Medicamente Assistida

PNS	*Pronuclear Transfer*
pp.	Páginas
Priv.	Privado
Proc.	Processo
QI	Quociente de Inteligência
RA	Reprodução Assistida
RDC	Resolução de Diretoria Colegiada
Rel.	Relator
RENAME	Relação Nacional de Medicamentos Essenciais
Res.	Resolução
REsp	Recurso Especial
ROPA	*Reception of Oocytes from Partner*
SisEmbrio	Sistema Nacional de Produção de Embriões
SNC	Sistema Nervoso Central
STF	Supremo Tribunal Federal
STJ	Superior Tribunal de Justiça
SUS	Sistema Único de Saúde
T.	Turma
TCTH	Transplante de Células-Tronco Hematopoiéticas
TEDH	Tribunal Europeu dos Direitos Humanos
UI	Unidade Internacional
UNESCO	Organização das Nações Unidas para a Educação, a Ciência e a Cultura
US$	Dólares Americanos
Vol.	Volume
€	Euros
§	Parágrafo

SUMÁRIO

Prefácio VII
Apresentação IX
Sobre os autores XI
Lista de abreviaturas XII

Introdução 1
I – Princípios gerais 35
II – Pacientes das técnicas de RA 81
III – Referente às clínicas, centros ou serviços que aplicam técnicas de RA 93
IV – Doação de gametas ou embriões 105
V – Criopreservação de gametas ou embriões 121
VI – Diagnóstico genético pré-implantação de embriões 131
VII – Sobre a gestação de substituição (doação temporária do útero) 141
VIII – Reprodução assistida *post-mortem* 159
Disposição final 171

Referências 173
Anexo 183

INTRODUÇÃO

Dentre todos os temas atualmente em construção no Direito da Saúde, existem poucos tão polêmicos, dinâmicos, que envolvem tantos ramos do Direito ao mesmo tempo, e com implicações tão diretas e profundas na vida do cidadão comum quanto a reprodução humana assistida.

A infertilidade é uma realidade que está presente na história da humanidade desde sempre. A Bíblia traz diversos exemplos de mulheres acometidas pela infertilidade, como Sara (mulher de Abraão) e Isabel (prima de Maria). No passado, a preocupação com a infertilidade não se centrava em uma certificação do exercício do direito fundamental à parentalidade por ambos os cônjuges. Ao contrário, ligava-se à função social da mulher que era, de modo exclusivo, gerar e criar filhos. Na hipótese de impossibilidade de exercer esse papel, a mulher era considerada inútil, estigmatizada, vivia no ostracismo e podia, inclusive, ser repudiada (como ainda acontece em alguns lugares na atualidade).[1]

Em um passado não muito distante, as pessoas ou casais inférteis ou com grande dificuldades para procriar estavam condenados a não terem filhos com os quais fossem geneticamente ligados ou simplesmente a não terem prole alguma. Não obstante a tentativa de dominar a reprodução esteja presente desde sempre no percurso humano – tanto no sentido de fomento, como no sentido de obstar – até poucas décadas, as

---

1   Cfr. NEVES, M. Patrão. "PMA: do desejo de um filho ao filho desejado", *In: Separata de Do início ao fim da vida* – Actas do Colóquio de Bioética. Braga: Faculdade de Filosofia da Universidade Católica Portuguesa, pp. 113-137, 2005, p. 115.

pessoas se socorriam de mecanismos duvidosos, como ervas e benzedeiras.[2]

No mundo contemporâneo esse cenário mudou com o auxílio da tecnologia reprodutiva, que expandiu substancialmente o leque de possibilidades para procriação de casais ou indivíduos inférteis ou pares que pela sua natureza não podem se reproduzir como casal, como os pares homoafetivos.

É a revolução biomédica, que Daniel Callahan chama de "revolução procriativa", que permite ter opção, poder e arbítrio "sobre uma parte-chave da vida humana, em tempos inteiramente dominada por forças naturais para além do alcance humano".[3]

A infertilidade passou a ser encarada como patologia, afastando a concepção prístina de que se tratava de um castigo ou vontade divina, pavimentando o caminho para o desenvolvimento das técnicas de reprodução assistida, que materializam o remédio para essa enfermidade. A ciência, nesse domínio, avança a galope.

A pluralidade de pessoas e a diversidade de conformações familiares acometidas pela incapacidade de procriar colocam por terra o mito de que todos os pacientes na reprodução assistida são iguais. As pessoas que buscam dar a volta à infertilidade surgem com diversas singularidades como gênero, orientação sexual, estado civil e necessidade de recorrer a terceiros. A única coisa que todo e qualquer paciente que busca a procriação medicamente assistida possui em comum com os outros é o desejo humano de ter um filho e tornar-se mãe ou pai.[4]

---

2   Em sentido análogo, ver RAPOSO, Vera Lúcia. *O direito à imortalidade*: o exercício de direitos reprodutivos mediante técnicas de reprodução assistida e o estatuto jurídico do embrião *In Vitro*. Coimbra: Almedina, 2014, p. 44.

3   CALLAHAN, Daniel. "O bem social e o bem individual: aborto e reprodução assistida", In: *A Condição Humana*/ Fundação Luso-Americana para o Desenvolvimento. Alfragide: Dom Quixote, pp. 15-32, 2009, p. 15.

4   Tirando esse denominador comum, cada história e caminho será quase invariavelmente diferente de outro, em relação a protocolos, perspectivas,

Em 2010, estimava-se que 48,5 milhões de casais sofriam de infertilidade (primária ou secundária) no mundo.[5] Há quem diga que esse número está subestimado e que há mais de 180 milhões de casais ao redor do mundo sofrendo com a infertilidade.[6] Alguma doutrina[7] indica que o incremento das taxas de infertilidade deve-se, *inter alia*: ao aumento do stress; ao consumo de álcool, cigarro e drogas; às doenças venéreas; a fatores ambientais, como estrogênios; ao adiamento do primeiro filho.

A infertilidade primária se revela quando uma mulher não consegue ter um filho, seja pela incapacidade de engravidar, seja pela incapacidade de levar a gravidez a um nascimento vivo. Assim, as mulheres que abortam espontaneamente ou cujas gravidezes resultam em natimortos, sem nunca terem tido nascidos vivos apresentam infertilidade primária.

Quando a mulher não consegue ter filhos, seja por não engravidar, seja por não lograr em levar a gravidez a termo, após uma gravidez anterior ou uma gravidez anterior levada a termo com um nascido vivo, a infertilidade deverá ser reputada como secundária. Assim, aquelas que abortam espontaneamente repetidas vezes ou cujas gravidezes resultaram em natimortos, ou aquelas que foram capazes de engravidar ou levar uma gravidez a termo anteriormente e já

---

    expectativas e resultados. Como indica ERICKSON, Theresa M. *Surrogacy and Embryo, Sperm & Egg Donation:* What Were You Thinking? – Considering IVF & Third-Party Reproduction. Bloomington: iUniverse, 2010, p. 1.

5   MASCARENHAS, Maya N. *et al.* "National, Regional, and Global Trends in Infertility Prevalence Since 1990: A Systematic Analysis of 277 Health Surveys". Disponível em: http://dx.doi.org/10.1371/journal.pmed.1001356 Acesso em: 16/11/2016.

6   OMBELET, Willem. "Global access to infertility care in developing countries: a case of human rights, equity and social justice", In: *Biomedical infertility care in poor resource countries Barriers, Access and Ethics*/ T. Gerrits *et al.* (editors). Disponível em: http://www.fvvo.be/assets/263/02-Ombelet.pdf Acesso em: 01/04/2017.

7   RAPOSO, Vera Lúcia. *O direito à imortalidade*, cit., p. 50.

não conseguem mais, apresentam infertilidade secundária, segundo a OMS.[8] Para o *Black's Medical Dictionary*,[9] a ocorrência de mais de dois abortos naturais consecutivos caracteriza a infertilidade.

Ainda de acordo com a Organização Mundial da Saúde, a infertilidade conjugal é caracterizada pela ausência de gravidez após um ano de atividade sexual constante sem qualquer recurso a métodos contraceptivos. Trata-se de uma realidade crescente em todo o mundo e que acomete um percentual significativo dos casais em idade reprodutiva. Afirma-se que um em cada sete casais enfrenta algum tipo de infertilidade e que há um forte consenso científico no sentido de que as doenças sexualmente transmissíveis são responsáveis por uma grande parcela dos problemas de fertilidade.[10]

Assim, não há como se dissociar a ideia de saúde reprodutiva de saúde sexual. E não há como se falar em saúde – *lato sensu* – sem se considerar as facetas da reprodução e da sexualidade, afinal de contas o ser humano deve ser considerado como uma "totalidade psicofísica".[11]

Do ponto de vista médico, a infertilidade é uma situação singular, em que cada membro do casal materializa uma "unidade infértil" e é esta unidade que deve ser investigada e tratada. No cenário dos casais heterossexuais (já que os pares homoafetivos, como casal, são incapazes de se reproduzir sem a intervenção médica), os fatores de causa de cada gênero são

---

8 OMS. "Infertility definitions and terminology". Disponível em: http://www.who.int/reproductivehealth/topics/infertility/definitions/en/ Acesso em: 01/04/2017.

9 *Apud* RAPOSO, Vera Lúcia. *O direito à imortalidade*, cit., p. 49.

10 Nesse sentido, ver CALLAHAN, Daniel. "O bem social e o bem individual: aborto e reprodução assistida", cit., p. 26.

11 JONAS, Hans *apud* MÖLLER, Letícia Ludwig. "Esperança e responsabilidade: os rumos da bioética e do direito diante do progresso da ciência", *In: Bioética e responsabilidade*/ Judith Martins-Costa; Letícia Ludwig Möller (orgs.). Rio de Janeiro: Forense, pp. 23-53, 2009, p. 31.

distribuídos em partes equivalentes, o que significa que o diagnóstico de uma suposta causa da infertilidade em um dos membros do casal não deve afastar uma investigação minuciosa da saúde reprodutiva do outro.[12]

Em muito pouco tempo, a sociedade foi testemunha de acontecimentos e avanços cuja transcendência e impacto terão repercussões na vida das gerações atuais e futuras. O desenvolvimento vertiginoso de até então inéditas técnicas científicas abriu caminho para uma série de oportunidades e procedimentos médicos que antes eram considerados inimagináveis. A primeira tentativa de inseminação artificial em animais foi feita por Lazaro Spallanzani em 1767 e o primeiro experimento realizado em uma mulher foi realizado por John Hunter em 1799.[13]

A questão da gestação de substituição passou a chamar a atenção após o caso do *Baby M*, quando Mary Beth Whitehead aceitou gestar uma criança gerada a partir do esperma de William Stern e óvulo da própria Mary Beth que, nos termos do acordo originalmente celebrado, seria criada por William e sua esposa, Elizabeth Stern.[14]

A revolução se deu não apenas no âmbito científico como no domínio da instituição familiar, já que além de oferecer uma solução para o problema da infertilidade, a Medicina possibilitou a criação de outras estruturas e modelos familiares que não

---

12　Em igual sentido, ver BARROS, Alberto. "Procriação medicamente assistida", In: *Direito da saúde* – estudos em homenagem ao Prof. Doutor Guilherme de Oliveira, vol. 4: Genética e PMA/ João Loureiro; André Dias Pereira; Carla Barbosa (coords.). Coimbra: Almedina, pp. 107-128, 2016, pp. 107-108.

13　Cfr. TEDESCO, Mariarosa. "La procreazione medicalmente assistita", In: *Fecondazione eterologa*/ Maurizio de Tilla *et al.* (coord.). Milanofiori: UTET Giuridica, pp. 1-21, 2015, p. 1.

14　Cfr. SINGER, William S. "Exploring New Terrain: Assisted Reproductive Technology (ART), the Law and Ethics", In: *Rutgers Journal of Law and Public Policy*, vol. 8, nº 5, pp. 918-933, 2011, p. 919.

existiriam sem o auxílio biotecnológico.[15] Tal progresso, entretanto, trouxe consigo muitas dúvidas e dilemas.[16]

A procriação medicamente assistida é um desenvolvimento científico que invoca uma infinidade de considerações éticas e legais, com várias nuances sociais, religiosas e políticas. Várias décadas após o nascimento da primeira criança fruto da PMA, poucos lugares do mundo possuem leis abrangentes e claras sobre o estabelecimento da filiação das crianças originadas por essas técnicas.

O Brasil, apesar de tratar da matéria no Código Civil, o fez de forma insuficiente, superficial, fato que encontra justificativa na compreensão social de família e nas tecnologias existentes à época de elaboração do projeto do Código, na década de 1970, quando sequer Louise Brown, o primeiro "bebê de proveta" do mundo (nascida como resultado do trabalho da equipe formada pelo ginecologista Patrick Steptoe e pelo Biólogo Robert G. Edwards, que ganhou o Nobel de Medicina em 2010 pela criação da Fertilização *In Vitro*)[17] tinha nascido.

Pode-se afirmar que, dentre todas as matérias atualmente em desenvolvimento no Direito da Saúde, existem poucas tão polêmicas, dinâmicas, que englobam e atingem tantos ramos

---

15 Sobre essa "revolução", ver STEINER, Elisabeth; ROSU, Andreea Maria. "Medically Assisted Reproductive Technologies (ART) and Human Rights – European Perspective", In: *Frontiers of Law in China*, vol. 11, nº 2, pp. 339-369, 2016, p. 341.

16 Neste sentido, ver CRUZ, Myrel Marin. "Diagnostico Genetico Preimplantacional: Consideraciones Juridicas del Uso de Embriones Pre-Seleccionados para Evitar Condiciones Geneticas", In: *Revista Juridica Universidad de Puerto Rico*, Vol. 82, nº 1, pp. 249-266, 2013, p. 249.

17 O interesse de *Edwards*, ainda como estudante de graduação, pela genética do desenvolvimento precoce dos mamíferos o estimulou mais tarde a investigar se as origens das doenças genéticas humanas, como as síndromes de *Down*, *Klinefelter* e *Turner*, poderiam ser explicadas por eventos durante a maturação do ovo. Esse problema clínico forneceu o estímulo mais poderoso para alcançar tanto a maturação do ovócito quanto a fertilização *in vitro* em seres humanos, como indica JOHNSON, Martin H. "Robert Edwards: the Path to IVF", In: *Reproductive BioMedicine Online*, vol. 23, nº 2, pp. 245-262, 2011, p. 245.

do Direito ao mesmo tempo, e com consequências tão diretas e profundas na vida das pessoas como a procriação medicamente assistida. Suas potencialidades científicas, os dilemas éticos gerados a partir do vertiginoso progresso das técnicas utilizadas na medicina reprodutiva, e a ausência de parâmetros jurídicos prévios para solucionar controvérsias são alguns dos elementos que, agregados às transformações na conduta e no modo de pensar da sociedade, estão a instituir um cenário novo, de possibilidades, alternativas e veredas.

Até onde pode-se, ou deve-se ir? [18] Quais são as fronteiras da engenharia genética que não devem ser ultrapassadas, sob pena de colocarmos em risco aquilo que nos faz ser humanos?[19]

Regulamentos e legislações relativas à procriação são susceptíveis de ter implicações constitucionais significativas, de modo que os esforços para regulamentação devem lidar com a natureza do direito em jogo. A Constituição do Brasil indica que o planejamento familiar deverá basear-se na dignidade da pessoa humana e na parentalidade responsável,[20] sendo vedado ao Estado qualquer tipo de controle ou interferência no exercício desse direito. A dignidade da pessoa humana é mais do que um direito, é "a fonte de todos os direitos".[21] Daí se pode extrair o

---

18   São questões já levantadas em DANTAS, Eduardo. *Direito médico.* 3 ed. Rio de Janeiro: GZ, 2014, p. 289.

19   Sobre avanços na edição do genoma humano, ver: http://ciencia.estadao.com.br/noticias/geral,cientistas-conseguem-editar-genoma-de-embriao-humano-para-evitar-doenca-hereditaria,70001921113. Acesso em 15/08/2017.

20   Como adverte-se em alguma doutrina, "não há no ordenamento exercício de autonomia que não venha acompanhado da devida responsabilidade". KONDER, Carlos Nelson; KONDER, Cíntia Muniz de Souza. "Autonomia reprodutiva e novas tecnologias no ordenamento brasileiro: violações e ameaças ao direito a gerar e a não gerar filhos", In: *Revista da Faculdade de Direito da UFMG*, nº 69, pp. 113-131, 2016, pp. 115-116.

21   ANDORNO, Roberto. "'Liberdade' e 'Dignidade' da Pessoa: Dois Paradigmas Opostos ou Complementares na Bioética?", In: *Bioética e Responsabilidade*/ Judith Martins-Costa; Letícia Ludwig Möller (orgs.). Rio de Janeiro: Forense, pp. 73-93, 2009, p. 81.

entendimento de um direito fundamental à reprodução e consequente constituição de família, não se podendo obrigar uma pessoa a reproduzir nem tampouco sendo legítimo obstruir a sua capacidade para procriar. Assim, esse direito existe em sentido positivo e em sentido negativo.[22]

Qualquer território que negue o direito à parentalidade a uma parte dos indivíduos, obstando a realização pessoal dos mesmos viola seus direitos fundamentais à igualdade e à não-discriminação, obstrui o exercício da cidadania e coloca em xeque a própria democracia e dignidade das pessoas, ao deixar de promover positiva e igualitariamente as liberdades fundamentais de todos os seus cidadãos.[23] Assim, a noção de autonomia reprodutiva encontra-se visceralmente ligada ao princípio da liberdade, nomeadamente a liberdade do planejamento familiar.

Como adverte o Enunciado nº 68 da II Jornada de Direito da Saúde do Conselho Nacional de Justiça, "os direitos reprodutivos correspondem ao conjunto de direitos básicos relacionados com o livre exercício da sexualidade e da reprodução humana". Se é certo que o ato médico passou a substituir o ato sexual na procriação medicamente assistida, é possível dizer que a dimensão afetiva não foi suprimida, podendo-se afirmar que se trata de um ato de amor, onde é "visível a certeza e intensidade da vontade de ter um filho".[24]

É preciso ressaltar que a Organização Mundial da Saúde já recomendou que a infertilidade seja considerada um problema de saúde global e advertiu para a necessidade de adaptação das técnicas de reprodução assistida em países que sofrem

---

22 SHIVAKUMAR, Pryianka. "Count Your Chickens before They Hatch – How Multiple Pregnancies Are Endangering the Right to Abortion", In: Brooklyn Law Review, Vol. 78, nº 1, pp. 201-230, 2012, p. 214.

23 Cfr., em igual sentido SAPKO, Vera Lucia da Silva. *Do direito à paternidade e maternidade dos homossexuais*: sua viabilização pela adoção e reprodução assistida. Curitiba: Juruá, 2005, pp. 101-102.

24 RAPOSO, Vera Lúcia. *O direito à imortalidade*, cit., p. 53.

com escassez de recursos.[25] Essa ideia, inclusive, vem sendo acolhida pela jurisprudência, que vem reconhecendo a obrigatoriedade dos planos de saúde de cobrirem tratamentos de reprodução humana assistida para assegurar o direito fundamental ao planejamento familiar e à reprodução:

> DIREITO CONSTITUCIONAL E DO CONSUMIDOR. AGRAVO DE INSTRUMENTO. *PLANO DE SAÚDE. TÉCNICAS DE REPRODUÇÃO ASSISTIDA. PLANEJAMENTO FAMILIAR.* ART. 35-C DA LEI 9.656/1998. COBERTURA DE PROCEDIMENTO DE FERTILIZAÇÃO *IN VITRO.* NECESSIDADE E IMPOSTERGABILIDADE. PRESENÇA DOS REQUISITOS PREVISTOS NO ART. 273 DO CPC. DECISÃO MANTIDA. 1. *Constitui direito fundamental, que decorre do planejamento familiar, a pretensão de o casal ter filhos pela maneira convencional ou por meio de técnicas científicas de fecundidade e procriação. 2. Visando atender à dimensão objetiva desse direito fundamental, a Lei 11.935/2009 acrescentou o art. 35-C à Lei 9.656/1998, tornando obrigatório o atendimento, pelos planos de saúde, das ações que visem à concretização do planejamento familiar, tanto na feição contracepção quanto na concepção, aí incluída a identificação de problemas de fertilidade e seus tratamentos, dentre eles a reprodução assistida, como a fertilização in vitro. 3.* Demonstrada, no caso, a necessidade e a impostergabilidade da realização desse procedimento de cobertura obrigatória pelos planos de saúde, deve ser mantida a decisão agravada. 4. Recurso conhecido e desprovido. (TJDFT, 5ª T. Cível, AGI: 20150020300330, Rel.ª Des.ª Maria Ivatônia, j. 16/03/2016).

Pretensão a que seja submetida à fertilização "*in vitro*" para tratamento da infertilidade – Recusa de cobertura contratual – Alegação de observância do art. 10, III, da Lei nº 9.656/98 – Dispositivo que exclui das coberturas mínimas a serem observadas pelo plano-referência de assistência à saúde a inseminação artificial – Técnica, entretanto, que não se confunde com fertilização "*in vitro*" – Hipótese, ademais, em que passou

---

25 ALLAHBADIA, G. N. "IVF in Developing Economies and Low Resource Countries: An Overview", *In: The Journal of Obstetrics and Gynecology of India*, vol. 67, nº 5, pp. 291-194, 2013, p. 293.

a ser obrigatória a cobertura do atendimento em caso de planejamento familiar, inserindo-se, aí, a fertilização *"in vitro"* – Observância dos arts. 35-C, III, da Lei nº 9.656/98 e art. 2º, da Lei nº 9.263/96 – Abusividade da negativa de cobertura verificada – Autora que deve ter assegurado o direito de valer-se das técnicas de fertilização – Ação procedente – Condenação da ré na obrigação de fornecer à autora cobertura integral ao procedimento em questão – Disciplina da sucumbência invertida – Recurso provido. (TJSP, 1ª C. de Direito Privado, AC 10040195920158260114 SP 1004019-59.2015.8.26.0114, Rel. Des. Luiz Antonio de Godoy, j. 04/08/2015).

PLANO DE SAÚDE – Exclusão contratual da fertilização *in vitro* – Abusividade – Violação à Lei nº 9.656/98, que expressamente estabelece a obrigatoriedade de cobertura do atendimento nos casos de planejamento familiar – Patologia, ademais, prevista na Classificação Estatística Internacional de Doenças e Problemas Relacionados com a Saúde, da Organização Mundial de Saúde – Ação procedente – Sentença reformada – RECURSO PROVIDO (TJSP, 10ª C. de Dir. Privado, AC 0012087-34.2012.8.26.0562 – Santos, Rel. Des. Elcio Trujillo, j. 03/02/2015).

Concessão da tutela antecipada determinando o custeio do procedimento de fertilização *"in vitro"* – Requisitos do artigo 273, do Código de Processo Civil preenchidos – Risco de ineficácia do provimento jurisdicional almejado, caso seja concedido somente ao final – *Medida que visa assegurar o direito constitucional de proteção à maternidade (CF, art. 6º) – Tratamento, ademais, que se enquadra no conceito de planejamento familiar, nos termos do art. 35-C, inciso III, da Lei 9.656/98* – Precedentes jurisprudenciais – Reversibilidade presente – Decisão mantida – RECURSO DESPROVIDO. (TJSP, 10ª C. de Dir. Privado, AI 21438141720158260000 SP 2143814-17.2015.8.26.0000, Rel. Des. J.B. Paula Lima, j. 15/12/2015).

PLANO DE SAÚDE – Cobertura contratual de procedimentos necessários à realização de fertilização *in vitro* – Sentença de procedência – Inconformismo da ré, operadora do plano de saúde – Não acolhimento – Desnecessária dilação probatória – Sentença válida – *Há de prevalecer o direito da autora-apelada a ações de regulação da fecundidade que lhe permita constituir sua prole, sendo de todo inválida a cláusula do contrato que desrespeita o comando legal de que os planos de saúde atendam às necessidades correspondentes à materialização do planejamen-*

to familiar, expressão certa da dignidade da pessoa humana – Exegese do artigo 35-C, inciso III da Lei 9.656/98 (incluído pela Lei 11.935/09) e dos artigos 1º e 2º da Lei 9.263/96. Recurso desprovido. (TJSP, 9ª C. de Dir. Privado, AC 0009908-34.2012.8.26.0302 Jaú, Rel. Des. Piva Rodrigues, j.16/04/2013).

Em igual sentido, há decisões que enxergam a mesma obrigação do Poder Público, que deve promover o acesso às técnicas de PMA daqueles que não podem pagar planos de saúde ou tratamentos privados. Pode-se afirmar que tais julgados representam a materialização da justiça reprodutiva pautada na igualdade de oportunidades assegurada aos cidadãos hipossuficientes:

> AGRAVO INTERNO. APELAÇÃO CÍVEL. OBRIGAÇÃO DE FAZER. PROCEDIMENTO MÉDICO DE ANÁLISE GENÉTICA DE EMBRIÕES E TRANSFERÊNCIA DE MATERIAL, DENOMINADA FERTILIZAÇÃO IN VITRO. DIREITO CONSTITUCIONAL. PRINCÍPIO DA DIGNIDADE DA PESSOA HUMANA. DIREITO À VIDA E À SAÚDE. DIREITO À FAMÍLIA. DIREITO DE SER FELIZ. *Dever do Estado na garantia do planejamento familiar, seja através de métodos contraceptivos, como conceptivos. Art. 226, § 7º, da CRFB/88. Art. 294, da CERJ. Lei nº. 9.263/96.* Apelantes que vêm sofrendo com a infertilidade, o que é reconhecida como uma patologia pelo Conselho Federal de Medicina, podendo resultar em consequências psicológicas e psiquiátricas, inclusive. *Cidadã hipossuficiente que não pode ser privada de gerar um filho em seu ventre, cabendo ao Estado garantir, assim, a saúde dos seus administrados.* Notório fornecimento pelo Estado de medicamentos e preservativos para contracepção, devendo, também, fornecer os meios para a concepção àqueles que não têm condições financeiras de custeá-los. Improcedência do pedido que resultará em manifesto prejuízo emocional aos agravantes, se privados da chance de gestação. SENTENÇA QUE SE REFORMA. PROVIMENTO DO RECURSO. (TJRJ, 21ª C. Cível, AC 00000443620158190051 RIO DE JANEIRO SAO FIDELIS 2 VARA, Rel. Des. Pedro Freire Raguenet, j. 20/10/2015).
>
> AGRAVO DE INSTRUMENTO. DIREITO PÚBLICO. DIREITO DE GERAR UMA VIDA. TRATAMENTO PARA INFERTILIDADE. PERIGO DE DANO IRREPARÁVEL FACE À IDADE DA

RECORRENTE. A Constituição Federal de 1988 enumera, dentre os direitos fundamentais de todo o cidadão, o direito à vida. E o legislador constituinte, ao garantir o direito à vida, garante não apenas o direito a manter-se vivo, mas o direito de dar a vida, de gerar um ser humano. E é exatamente isto o que almeja a recorrente. A própria Carta Republicana tem na família a base da sociedade (art. 226). *Ao que se sabe, há intenção por parte do Ministério da Saúde em garantir tratamento às mulheres inférteis, o que não há, no entanto, é agilidade, efetividade. E agilidade é tudo o que deve prevalecer em se tratando de infertilidade feminina, pois é cientificamente comprovado que quanto maior a idade da mulher, menores são as chances de uma gravidez, até mesmo em razão da diminuição, a cada ano, do número e também da qualidade dos óvulos. O tempo, nestes casos, passa a ser o maior inimigo. Não há como entender que não há perigo de dano. E mais, há irreversibilidade negativa, na medida em que, quanto maior a idade da mulher infértil, menores as chances de sucesso da reprodução assistida.* A agravante, ao que se depreende, é portadora de CID 10 N97.1 – Infertilidade feminina de origem tubiana, e desde 2005 vem investigando a causa de sua infertilidade. Foi escrita em programa através do Sistema Única de Saúde, e teve deferido o custeio do procedimento junto ao Hospital de Clínicas de Porto Alegre, devendo custear a medicação, cuja soma ultrapassa os R$ 3.000,00 a cada tentativa. É fator relevante o fato de que, muito embora o arcabouço jurídico em torno de questão de tamanha relevância, não se tem notícia de que os programas implementados pelo Governo estejam efetivamente em andamento. A temática é das mais atuais, silenciada de longa data, possivelmente por não ser interessante para o Governo, pelo alto custo dos tratamentos de reprodução assistida. *Ocorre que para estas mulheres, cuja única alternativa são justamente as técnicas de reprodução assistida, a sociedade tem o dever de dar uma resposta. E esta resposta não pode ser outra senão garantir-lhes o direito de gerar uma vida, de constituir uma família, sem o argumento simplista de que para estes casos, de infertilidade, há a opção da adoção. Adotar, sem dúvida alguma, é um ato de amor, e deve receber todo o incentivo, mas não se pode entender seja esta a única resposta que se pode dar a quem tem todo o direito de gerar uma vida, sobretudo quando a medicina avança a cada dia no sentido de tornar realidade o que antes era apenas um sonho. Ao se negar o direito à autora de se utilizar de todas as técnicas éticas e legais disponíveis para que venha a gerar um filho, se estará compactuando com um sistema que elege quem tem o direito e quem não tem o direito de ser mãe, cujo liame se encontra entre quem tem condições econômicas para suportar os altos custo, e quem não tem.* Medida antecipatória dos efeitos da tutela deferida. Inteligência do disposto nos artigos 5º, 196 e 226, § 7º, da Constituição Federal, Lei Federal nº 9.263/96 e Portarias 426/05 e 388/05, do Ministério da Saúde. RECURSO PROVIDO.VOTO VENCIDO. (TJRS, 1ª C. Cível, AI 70051816536, Rel. Des. Carlos Roberto Lofego Canibal, j. 24/04/2013).

AGRAVO DE INSTRUMENTO. SAÚDE PÚBLICA. INFERTILIDADE POR OBSTRUÇÃO TUBÁRIA BILATERAL (CID N 97.1). MEDICAMENTOS NECESSÁRIOS PARA O TRATAMENTO DE INDUÇÃO DA OVULAÇÃO PARA FUTURO PROCEDIMENTO DE FERTILIZAÇÃO IN VITRO. GONAL 450UI, CETROTIDE E OVIDREL. DIREITO DE TODOS E DEVER DO ESTADO – ART. 196, CF. ANTECIPAÇÃO DE TUTELA. POSSIBILIDADE. LEGITIMIDADE PASSIVA DOS ENTES PÚBLICOS. OBRIGAÇÃO SOLIDÁRIA ENTRE A UNIÃO, ESTADOS E MUNICÍPIOS. 1) Caso concreto, está comprovado, nos autos, que a autora apresenta patologia que impossibilita de ter uma gravidez natural, necessitando da utilização de medicamentos para indução da ovulação para posterior realização do tratamento de reprodução humana assistida – fertilização *in vitro. Não se pode privar um casal hipossuficiente de gerar um filho. A pretensão de obter os medicamentos para posterior tratamento para fertilização in vitro não foge do postulado de garantia à saúde, que deve ser assegurado pelo Poder Público.* 2) A antecipação de tutela consiste na concessão imediata da tutela reclamada na petição inicial, desde que haja prova inequívoca capaz de convencer da verossimilhança da alegação e, ainda, que haja fundado receio de dano irreparável ou de difícil reparação, o que vem demonstrado nos autos. 3) O Estado do Rio Grande do Sul e o Município de Santo Ângelo são partes legítimas para figurarem no polo passivo de demanda em que alguém pleiteia o fornecimento de medicamentos, tratamentos e aparelhos uma vez que há obrigação solidária entre a União, Estados e Municípios. 4) Os serviços de saúde são de relevância pública e de responsabilidade do Poder Público. Necessidade de preservar-se o bem jurídico maior que está em jogo: a própria vida. Aplicação dos arts. 5º, § 1º; 6º e 196 da Constituição

Federal. É direito do cidadão exigir e dever do Estado (lato sensu) fornecer medicamentos, tratamentos e aparelhos indispensáveis à sobrevivência, quando o cidadão não puder prover o sustento próprio sem privações. Presença do interesse de agir pela urgência do tratamento pleiteado. AGRAVO PROVIDO. UNÂNIME. (TJRS, 21ª C. Cível, AI 70051341063, Rel. Des. Francisco José Moesch, j. 14/11/2012).

AÇÃO ORDINÁRIA – Fornecimento de medicamentos pela rede de saúde pública – Reprodução assistida – Garantia de direito à saúde pública – Antes de estar sujeitos a normas e procedimentos do Ministério da Saúde, os entes federativos estão sujeitos à CF (art. 196 e 198, § 1º, da CF) – Inteligência dos artigos 5º e 196, da CF – *O livre exercício da sexualidade e da reprodução humanas estão contemplados dentre os direitos civis e políticos que a Constituição Federal reconheceu à cidadania – Por isso não há que serem prestigiadas interpretações restritivas* – Sentença de improcedência reformada – Recurso provido. (TJSP, 3ª C. de Dir. Público, APL 4599546320108260000 SP, Rel. Des. Magalhães Coelho, j. 11/01/2011).

Algumas decisões, de maneira acertada, ressaltam a irrelevância do fato dos fármacos necessários para os processos de PMA não constarem da lista do Sistema Único de Saúde, diante dos direitos constitucionais à saúde e ao planejamento familiar, materializado pela reprodução:

APELAÇÃO CÍVEL/REEXAME NECESSÁRIO. DIREITO PÚBLICO NÃO ESPECIFICADO. DIREITO À SAÚDE. FORNECIMENTO DE MEDICAMENTO. *FERTILIZAÇÃO IN VITRO.* A responsabilidade dos entes públicos (União, Estados-Membros e Municípios) é solidária, podendo a parte demandante optar por exigir o cumprimento da obrigação de um ou de todos, uma vez que são solidariamente responsáveis, cabendo àquele que satisfizer a obrigação exigir o ressarcimento dos demais, na hipótese de o procedimento requerido ser diverso dos especificamente previstos em lei para si. Cabe ao Estado (*lato sensu*) o dever de garantir o direito constitucional à saúde, devendo adotar medidas que assegurem o acesso universal e igualitário às ações e aos serviços para sua promoção, proteção e recuperação, conforme disposto no art. 196 da Constituição Federal. *A ausência do fármaco em lista de medicamentos fornecidos pelo SUS não afasta a responsabilidade do Estado.* Urgência e perigo de insucesso do tratamento configurados. APELAÇÃO DESPROVIDA. SENTENÇA MANTIDA EM REEXAME NECESSÁRIO. (TJRS, 1ª C. Cível, REEX 70058275645, Rel. Des. Newton Luís Medeiros Fabrício, j. 24/09/2014).

O Enunciado nº 59 das II Jornadas de Direito da Saúde do CNJ bem ilustra a irrelevância de prescrição de medicamentos ou procedimentos fora das listas oficiais. O importante é que as indicações estejam "fundadas na Medicina Baseada em Evidências".

Ainda sobre o tema, o Enunciado nº 58 indica que, quando houver prescrição de medicamento que não conste em lista (RENAME) ou protocolo do SUS, deve-se notificar judicialmente o "médico prescritor, para que preste esclarecimentos sobre a pertinência e necessidade da prescrição, bem como para firmar declaração de eventual conflito de interesse".

Nessa lógica, muitos julgados vêm reconhecendo o dever do Estado em garantir a saúde reprodutiva de todos os seus cidadãos, seja no fornecimento dos medicamentos necessários ao êxito da técnica empregada, seja no atendimento por médico especialista vinculado ao serviço público de saúde:

> Destarte, os princípios da dignidade da pessoa humana (art. 1º, III, da CF) e da preservação da saúde dos cidadãos em geral (art. 6º da CF) sob a redoma da responsabilidade solidária prevista no artigo 196 da mesma *Carta de princípios, impõem aos entes públicos a implementação efetiva dos direitos sociais, dentre estes se incluindo a obrigação de fornecer medicamentos indispensáveis à sobrevivência dos hipossuficientes.* Ademais, as normas infraconstitucionais, relativas aos serviços de saúde especialmente a Lei nº 8.080/90 e mais especificamente relativas a medicamentos (Portaria nº 3.916/98 do Ministério da Saúde), dispõem a respeito do fornecimento de medicamentos como um direito subjetivo, estabelecendo, inclusive, o fornecimento pelo Poder Público, respondendo todos os integrantes da Federação (União, Estado e Município), vinculados que estão ao cumprimento da norma constitucional, ajustando-se entre eles a repartição dos recursos e obrigações. *Igual*

raciocínio é feito em relação à necessidade de tratamento com médico especialista. (TJPR, 4ª C. Cível, AC 1253831-7 – Irati – Rel.ª Des.ª Cristiane Santos Leite, j. 08/12/2014).

Assim, à medida que o poder da tecnologia médica avança, são levantadas questões cada vez mais difíceis sobre quem teria direito a essas tecnologias, especialmente em países pobres ou marcados pelas desigualdades econômicas, como o Brasil.

As pessoas certamente têm direito a cuidados médicos, portanto, o acesso global ao tratamento da infertilidade deve ser visto como um direito humano fundamental. Pensar diferente vilipendiaria de forma mortal os princípios da liberdade, da igualdade e da dignidade da pessoa humana, das cerca de 3,6 milhões[26] de mulheres que dependem do serviço público de saúde para tratar os seus problemas de infertilidade no Brasil.

De acordo com a Organização Mundial da Saúde, a larga maioria dos casais sem filhos se encontram nos países em desenvolvimento.[27] Recorrendo à terminologia empregada no direito privado, o Estado brasileiro possui – em relação à saúde reprodutiva dos seus cidadãos – uma obrigação de meios e não uma obrigação de resultados.

A autonomia reprodutiva e a classificação da infertilidade como doença podem ser apontados como os principais argumentos a favor dos tratamentos nos países desenvolvidos. Como se verá adiante, a ideia de direitos reprodutivos como direitos fundamentais significa que as pessoas e os casais possuem a prerrogativa de decidirem quando, como e quantos filhos ter. Por que cidadãos hipossuficientes de países em desenvolvimento não possuem o direito de ter, pelo menos, um filho?

---

26   Números extraídos de MAKUCH, M. Y.; BAHAMONDES, L. "Barriers to access to infertility care and assisted reproductive technology within the public health sector in Brazil", *In: Biomedical infertility care in poor resource countries – Barriers, Access and Ethics.* Disponível em: http://www.fvvo.be/assets/271/10-Makuchetal.pdf Acesso em: 20/06/2017.

27   Cfr. OMBELET, Willem. "Global access to infertility care in developing countries: a case of human rights, equity and social justice", cit.

Se não há recursos, deve-se trabalhar no sentido de baratear as técnicas e não de simplesmente suprimir os direitos de uma parcela dos cidadãos dos estratos econômicos/sociais mais baixos.[28] O baixo custo não compromete necessariamente a qualidade dos procedimentos. A denominada PMA de baixo custo baseia-se no uso de protocolos de estimulação acessíveis, julgamento clínico em vez de testes laboratoriais sofisticados, redução ou eliminação de todas as investigações pré-procedimento supérfluas, uso cuidadoso de materiais descartáveis e protocolos bem estabelecidos para rotinas laboratoriais.[29]

A título ilustrativo, há médicos[30] que indicam que, para a recolha de ovócitos num processo de FIV, pode-se evitar o uso de doses elevadas de medicação de estimulação ovariana dispendiosa, como gonadotrofinas, agonistas de GnRH e antagonistas de GnRH. Afirma-se que tais drogas podem ser substituídas pelo uso do citrato de clomifeno, uma medicação oral barata, tida como uma alternativa ideal com resultados razoáveis, poucos efeitos colaterais e taxa mínima de complicações.

---

28   Como adverte alguma doutrina, uma pequena redução nos custos pode significar um aumento significativo das pessoas que poderão aceder às técnicas reprodutivas, pavimentando o caminho para a isonomia e aumentando a justiça reprodutiva. PENNINGS, Guido. "Ethical issues of infertility treatment in developing countries", *In: Biomedical infertility care in poor resource countries – Barriers, Access and Ethics*. Disponível em: http://www.fvvo.be/assets/264/03-Pennings.pdf Acesso em: 20/06/2017.

29   Como indicam BAHAMONDES, Luís; MAKUCH, Maria Y. "Infertility care and the introduction of new reproductive technologies in poor resource settings", *In: Reproductive Biology and Endocrinology* 2014 12:87. Disponível em: http://rbej.biomedcentral.com/articles/10.1186/1477-7827-12-87 Acesso em: 20/06/2017.

30   Como Willem Ombelet, do Departamento de Obstetrícia e Ginecologia do *Genk Institute for Fertility*; coordenador da força-tarefa especial sobre "Países em desenvolvimento e infertilidade" da Sociedade Europeia de Reprodução Humana e Embriologia; Presidente da ONG *The Walking Egg*, organização sem fins lucrativos que se esforça para aumentar a conscientização sobre a falta de filhos em países pobres e em desenvolvimento, buscando tornar os cuidados de fertilidade, incluindo as técnicas de reprodução assistida, disponíveis e acessíveis a uma escala muito maior da população.

O enclomifeno, um componente isomérico do citrato de clomifeno, age de forma antagônica ao receptor de estradiol no nível do hipotálamo, inibindo *feedback* negativo e positivo e resultando na indução de estimulação ovariana e supressão da ovulação. Um protocolo de estimulação ovariana mínima tira total proveito destas características do citrato de clomifeno. A administração de 50 mg de citrato de clomifeno é iniciada no dia 3 do ciclo, e a partir do dia 8 as pacientes recebem 150 UI de FSH todos os dias. Quando o tamanho do folículo dominante e a concentração de estradiol atingem os valores predefinidos, o agonista do hormônio liberador de gonadotrofina é administrado para induzir a maturação folicular. Os ovócitos são então recuperados 32-35 h depois. Uma vez que a curta meia-vida do enclomifeno (24 h) é de importância crítica nesse protocolo, é necessário continuar a administração oral de citrato de clomifeno até o dia antes da maturação ser desencadeada. De 43.433 ciclos iniciados, as taxas de recuperação de oócitos e clivagem de embriões foram 83% e 64%, respectivamente, em um estudo[31] de larga escala. O número médio de ovócitos recuperados foi de 2,2. As taxas de nascidos vivos, abortos espontâneos e gravidezes ectópicas, foram de 11,1%, 3,4% e 0,2%, respectivamente.

Um grupo de estudo na África[32] desenvolveu uma técnica simples de inseminação intrauterina, que pode ser uma boa saída para os serviços de saúde de países em desenvolvimento, já que dispensa equipamentos sofisticados, materiais caros como cateteres descartáveis de inseminação. É barato e pode ser realizado por pessoal treinado, como enfermeiros ou parteiras. Nesse estudo, 20-27% dos casais se encontraram clinicamente grávidos após uma média de 3,5-3,8 procedimentos de inseminações intrauterinas.

---

31   TERAMOTO, Shokichi; KATO, Osamu. "Minimal ovarian stimulation with clomiphene citrate: a large-scale retrospective study", *In: Reproductive BioMedicine Online,* vol. 15, nº 2, pp. 134-148, 2007, p. 134.

32   MVE, RN; FORMIGLI, L. "Low cost, simple, intrauterine insemination procedure with unwashed centrifuged husband's sperm for developing countries", *In: African Journal of Reproductive Health,* vol. 16, nº 4, pp. 175-179, 2012.

Todavia, estamos conscientes de que o recurso à FIV será inevitável para muitos casais. É importante relembrar que os ciclos de estimulação estão associados a riscos de síndrome de hiperestimulação ovariana e gravidez múltipla. Um estudo[33] no Egito avaliou a aceitabilidade dos pacientes no que diz respeito à estimulação *versus* ciclo natural na FIV, com relação ao custo e resultado da gravidez. Dos pacientes que foram indicados para FIV, 15% cancelou o tratamento devido, principalmente (75%), a razões financeiras.

A maioria dos casais que completaram o seu tratamento de FIV (90,1%) considerou o preço do serviço médico oferecido elevado, e 68,1% aceitou a ideia recorrer a fármacos mais baratos com menos efeitos secundários mas, possivelmente, com menores chances de gravidez.

Nessa lógica, pode-se dizer que a FIV de ciclo natural surgiu como uma potencial opção para pacientes em todo o mundo, mormente aqueles que vivam em países em desenvolvimento e não possam custear tratamentos dispendiosos.

O recurso a ciclos naturais pode reduzir o preço de cada tratamento em até 75%. Essas vantagens (mormente a redução do preço por desnecessidade de fármacos suplementares e monitoramento para evitar a hiperestimulação ovariana) fazem com que os pacientes encarem ciclos consecutivos, com taxas de gravidezes clínicas alcançando os números daquelas geradas por FIV com estimulação, especialmente entre pacientes abaixo dos 35 anos de idade.

Na Índia, também vem-se tentando tornar a FIV mais acessível para garantir um maior alcance em todos os estratos socioeconômicos com a introdução de procedimentos de reprodução assistida mais baratos, mas que não comprometam os resultados. A FIV de rotina (FIV) vem sendo lentamente desafiada por

---

33 SHAHIN, Ahmed Y. "The problem of IVF cost in developing countries: has natural cycle IVF a place?" *In: Reproductive BioMedicine Online*, vol. 15, nº 1, pp. 51-56, 2007, pp. 51-52.

metodologias mais simples e mais econômicas, onde se incluem: FIV de Ciclo Natural, FIV de Estimulação Mínima e FIV *Lite* (FIV de Estimulação Mínima + vitrificação + acúmulo de embriões + transferência embrionária remota). Os protocolos de estimulação leve reduzem o número médio de dias de estimulação, a quantidade total de gonadotropinas utilizadas e o número médio de oócitos recuperados. A proporção de embriões de alta qualidade e euplóides parece ser maior em comparação com os protocolos de estimulação convencionais e a taxa de gravidez por transferência embrionária é comparável.

Com os custos reduzidos, melhor tolerância para as pacientes e menor tempo necessário para completar um ciclo de FIV, essas abordagens mais suaves estão ganhando espaço permanente em economias sensíveis ao custos, como indica artigo de 2013.[34]

Um estudo[35] de 2011 trouxe os resultados de um protocolo mais barato de FIV. Os registros médicos de mulheres que foram submetidos ao programa de baixo custo foram analisados, tendo sido administrado 50 mg de citrato de clomifeno por dia, a partir do 2º dia do ciclo e continuando até o dia do gatilho hCG, evitando assim o aumento do LH. Doses intermitentes de 150 IU de gonadotrofina foram administradas em dias alternados a partir do 5º dia. A recuperação de ovócitos foi realizada quando pelo menos dois folículos de 0,18 mm tenham sido identificados e o ciclo foi monitorado apenas por ultrassom, tendo sido a transferência de embriões realizada no dia 3. Os resultados clínicos foram registrados em conjunto com uma estimativa dos custos diretos por ciclo, que não incluíram profissionais, encargos ou custos de instalações. Das 143 mulheres participantes, 104 foram submetidas à transferência embrionária, com taxas de 22% de gravidez clínica e 19% de nascimento vivo. A taxa

---

34   ALLAHBADIA, G. N. "IVF in Developing Economies and Low Resource Countries: An Overview", cit., p. 292.

35   ALEYAMMA, T. K. *et al.* "Affordable ART: a different perspective ", *In: Human Reproduction*, vol. 26, nº 12, pp. 3312–3318, 2011, p. 3312.

de nascimento vivo por ciclo iniciado foi de 14% (20/143). A taxa de gravidez múltipla foi de 26%, com nenhum caso de síndrome de hiperestimulação ovariana registrado. O custo direto médio por ciclo foi de US $ 675 para FIV e US $ 725 para ICSI.

Um outro estudo[36] de 2014, citando por sua vez um estudo levado a cabo em 2006, indicou que os inibidores da aromatase, por exemplo, letrozol, podem ser utilizados para o mesmo propósito que o clomifeno. Esses fármacos inibem a conversão de androgênios em estrogênios em células da granulosa no desenvolvimento de folículos ovarianos, impedindo assim o aumento do nível de estrogênios. Isso resulta em uma redução no retorno de estrogênio e, posteriormente, em um aumento na secreção endógena de gonadotrofina.

Os inibidores da aromatase têm uma vantagem adicional de não provocar depleção de receptores de estrogênio. Existem poucas pesquisas envolvendo inibidores de aromatase, mas a maioria combina letrozol e gonadotropinas para estimulação ovariana, apontando esse protocolo como alternativa de tratamento efetiva e barata. O estudo citado no *paper* consultado relatou uma taxa de gravidez contínua de 27% após o tratamento com letrozol e uma quantidade reduzida de gonadotrofina menopáusica humana.

De maneira mais recente, um estudo[37] levado a cabo pela Universidade da Califórnia – São Francisco, indicou que, entre 2010 e 2015, 56 pacientes iniciaram 120 ciclos frescos de estimulação e 32 ciclos de transferência congelados, dos quais 83 e 30 ciclos foram concluídos, respectivamente. As causas mais comuns de infertilidade foram a anovulação e o fator tubário. A idade média dos pacientes foi de 32,5 anos com 3,8 anos de duração

---

36 TEOH, Pek Joo; MAHESHWARI, Abha. "Low-Cost in Vitro Fertilization: Current Insights", *In*: *International Journal of Women's Health*, vol. 6, pp. 817–827, 2014, pp. 822-823.

37 ANAYA Y. *et al.* "Outcomes from a university-based, low cost IVF program providing access of care to a socioculturally diverse urban community", *In*: *Fertility and Sterility,* vol. 106, nº 3, supplement, 2016, p. e73.

da infertilidade. O número de oócitos recuperados variou entre 2,3 e 4,6, dependendo do protocolo utilizado. Uma média de 1,1 embriões foram transferidos (intervalo 1-2). As taxas de gravidez contínua em grupos de clomifeno/letrozol sozinhos, braços de gonadotropina sequenciais, *flare* e de baixa dose foram 27% (6/22), 30% (3/10), 31% (15/48) e 0% (0/3), respectivamente. A taxa de gravidez contínua nos ciclos de transferência congelada foi de 27% (8/30). A taxa de cancelamento foi de 30,8%, devido ao folículo dominante único (54%), à ovulação espontânea (16%) ou a nenhuma resposta (30%). Nos 83 ciclos que foram destinados à recuperação, os ovócitos foram recuperados em 94% e embriões foram transferidos em 88%.

Houve apenas uma única ocorrência de gestação múltipla (gêmeos), não tendo sido observadas complicações. Esse estudo terminou por concluir que o uso de abordagens de estimulação suave, monitoramento simplificado e protocolos de manipulação de laboratório minimizados alcançam excelentes taxas de gravidez em populações de baixa renda.

Além de possibilidade de reduções ou alterações nos fármacos utilizados nos processos de PMA, é possível também buscar eliminações de custos relativos aos laboratórios. Tome-se como exemplo o denominado método de laboratório simplificado (*tWE-lab IVF culture system*).[38]

O sistema tWE baseia-se em uma simples reação química em um ambiente fechado que elimina a necessidade de um laboratório de FIV caro com incubadoras de CO_2, suprimentos de gás e sistemas de purificação de ar. O CO_2 é necessário para equilibrar o pH do meio de cultura de FIV para um valor entre 7,25-7,40, otimizado para desenvolvimento de embriões. A cultura contínua a 37 graus Celsius é necessária para a viabilida-

---

38 KLERKX E. *et al*. "A Simplified IVF Laboratory Method", *In: Global access to infertility care: The Walking Egg project*/ W. Ombelet; J. Goossens (editors). Disponível em: http://www.fvvo.be/assets/466/03-Klerkx%20et%20al. pdf Acesso em: 20/06/2017.

de do embrião e pode ser alcançada por uma incubadora, caixa aquecida ou banho de água quente.

O método de FIV simplificado utiliza 2 produtos químicos, ácido cítrico e bicarbonato de sódio, para produzir o CO_2 necessário para ajustar o pH. O sistema tWE-lab foi projetado pela equipe do *The Walking Egg* em colaboração com o Dr. Van Blerkom e agora é um procedimento padronizado para realizar um tratamento de fertilização *in vitro*, para o qual todos os materiais estão disponíveis em um kit compacto, pronto para uso. O recurso a esse método representa uma economia entre 85 e 90%, em comparação aos laboratórios tradicionais de FIV.

Esses breves exemplos podem servir como norte para a ciência brasileira e a questão da reprodução humana assistida no serviço público de saúde. Se os custos representam um problema é imperioso repetir que não deve-se tolher os direitos reprodutivos daqueles que se encontram em hipossuficiência, nos estratos econômicos menos elevados da sociedade. Na escassez pública de fundos, deve-se buscar saídas economicamente viáveis, de maneira a assegurar o direito ao planejamento familiar e à reprodução ao maior número possível de cidadãos brasileiros que dependam do Sistema Único de Saúde. Só assim um cenário de justiça reprodutiva, onde o direito à saúde de todos é respeitado, será alcançado.

Tentativas de modernização, no que diz respeito ao uso de técnicas de reprodução humana assistida, e suas influências no Direito das Sucessões, e mais diretamente no Direito das Famílias, vem surgindo na forma de Enunciados, patrocinados pelo Conselho da Justiça Federal, a exemplo destes que – ainda que não possuam força vinculatória efetiva – podem contribuir para estabelecer guias de conduta em conflitos judiciais, redigidos, discutidos e aprovados ao longo dos últimos anos, durante a realização das seis primeiras Jornadas de Direito Civil:

> Enunciado 103 – Art. 1.593: o Código Civil reconhece, no art.1.593, outras espécies de parentesco civil além daquele decorrente da adoção, acolhendo, assim, a noção de que há também parentesco civil no vínculo parental proveniente

quer das técnicas de reprodução assistida heteróloga relativamente ao pai (ou mãe) que não contribuiu com seu material fecundante, quer da paternidade sócio-afetiva, fundada na posse do estado de filho.

Enunciado 104 – Art. 1.597: no âmbito das técnicas de reprodução assistida envolvendo o emprego de material fecundante de terceiros, o pressuposto fático da relação sexual é substituído pela vontade (ou eventualmente pelo risco da situação jurídica matrimonial) juridicamente qualificada, gerando presunção absoluta ou relativa de paternidade no que tange ao marido da mãe da criança concebida, dependendo da manifestação expressa (ou implícita) da vontade no curso do casamento.

Enunciado 105 – Art. 1.597: as expressões "fecundação artificial", "concepção artificial" e "inseminação artificial" constantes, respectivamente, dos incs. III, IV e V do art. 1.597 deverão ser interpretadas como "técnica de reprodução assistida".

Enunciado 106 – Art. 1.597, inc. III: para que seja presumida a paternidade do marido falecido, será obrigatório que a mulher, ao se submeter a uma das técnicas de reprodução assistida com o material genético do falecido, esteja na condição de viúva, sendo obrigatório, ainda, que haja autorização escrita do marido para que se utilize seu material genético após sua morte.

Enunciado 107 – Art. 1.597, IV: finda a sociedade conjugal, na forma do art. 1.571, a regra do inc. IV somente poderá ser aplicada se houver autorização prévia, por escrito, dos ex-cônjuges para a utilização dos embriões excedentários, só podendo ser revogada até o início do procedimento de implantação desses embriões.

Enunciado 111 – Art. 1.626: a adoção e a reprodução assistida heteróloga atribuem a condição de filho ao adotado e à criança resultante de técnica conceptiva heteróloga; porém, enquanto na adoção haverá o desligamento dos vínculos entre o adotado e seus parentes consanguíneos, na reprodução assistida heteróloga sequer será estabelecido o vínculo de parentesco entre a criança e o doador do material fecundante. (O artigo 1626 do CCB foi revogado pela Lei nº 12.010, de 2009).

Enunciado 257 – Art. 1.597: As expressões "fecundação artificial", "concepção artificial" e "inseminação artificial", constantes, respectivamente, dos incs. III, IV e V do art. 1597 do Código

Civil, devem ser interpretadas restritivamente, não abrangendo a utilização de óvulos doados e a gestação de substituição.

Enunciado 258 – Arts. 1.597 e 1.601: Não cabe a ação prevista no art. 1.601 do Código Civil se a filiação tiver origem em procriação assistida heteróloga, autorizada pelo marido nos termos do inc. V do art. 1.597, cuja paternidade configura presunção absoluta.

Enunciado 519 – Art. 1.593: O reconhecimento judicial do vínculo de parentesco em virtude de socioafetividade deve ocorrer a partir da relação entre pai(s) e filho(s), com base na posse do estado de filho, para que produza efeitos pessoais e patrimoniais.

Enunciado 520 – Art. 1.601: O conhecimento da ausência de vínculo biológico e a posse de estado de filho obstam a contestação da paternidade presumida.

Enunciado 570 – Arts. 1.607 e 1.609 – O reconhecimento de filho havido em união estável fruto de técnica de reprodução assistida heteróloga "a parte" consentida expressamente pelo companheiro representa a formalização do vínculo jurídico de paternidade filiação, cuja constituição se deu no momento do início da gravidez da companheira.

Em maio de 2014, o Conselho Nacional de Justiça também promoveu a I Jornada de Direito da Saúde, dela resultando a aprovação de 45 Enunciados. Objetivou-se apresentar balizas para nortear a solução de conflitos no campo da saúde, tratando de temas variados em relevância e amplitude, tais como a cobertura de procedimentos pelos planos de saúde, as consequências jurídicas da utilização de métodos artificiais de reprodução, e o tratamento jurídico destinado aos filhos de casais homossexuais gerados por reprodução assistida.

É possível destacar, para fins da análise aqui desenvolvida, por sua importância, os seguintes Enunciados:

Enunciado 39 – O estado de filiação não decorre apenas do vínculo genético, incluindo a reprodução assistida com material genético de terceiro, derivando da manifestação inequívoca de vontade da parte.

Enunciado 40 – É admissível, no registro de nascimento de indivíduo gerado por reprodução assistida, a inclusão do nome de duas pessoas do mesmo sexo, como pais.

Enunciado 41 – O estabelecimento da idade máxima de 50 anos, para que mulheres possam submeter- se ao tratamento e à gestação por reprodução assistida, afronta o direito constitucional à liberdade de planejamento familiar.[39]

Enunciado 45 – Nas hipóteses de reprodução humana assistida, nos casos de gestação de substituição, a determinação do vínculo de filiação deve contemplar os autores do projeto parental, que promoveram o procedimento.

Mais avançada nesse aspecto científico que o Código Civil se mostrou a Lei Federal nº 11.105/2005, a chamada Lei de Biossegurança, que, dentre outras coisas, regula a utilização em pesquisa de células-tronco de embriões gerados pela fecundação *in vitro*, o modo de descarte e a doação destes embriões, ao mesmo tempo em que estabelece sanções penais em caso de transgressão das regras. Quanto às atividades ligadas aos transplantes de órgãos e tecidos, necessário mencionar a Lei Federal nº 9.434, de 04 de fevereiro de 1997 (Lei de Transplantes de Órgãos e Tecidos).

Ainda assim, a Lei de Biossegurança, por mais que tenha representado um avanço, está longe de ser um exemplo de boa técnica legislativa, ao apresentar lacunas quase intransponíveis com relação ao uso de células-tronco embrionárias, obtidas de embriões humanos produzidos por meio de fertilização *in vitro*.

A Lei de Biossegurança chegou a ser objeto de julgamento no Supremo Tribunal Federal, que analisou em maio de 2008 a Ação Direta de Inconstitucionalidade nº 3.510/DF, decidindo pela constitucionalidade de seu artigo 5º. O inciso II do caput, todavia, autorizou o descarte de embriões viáveis, para fins de pesquisa, desde que tais embriões estivessem congelados há três anos ou mais, *na data da publicação da lei*, e daqueles que

---

39 Nesse sentido, ver TRF-4, 4ª T., AG: 50205679020154040000 5020567-90.2015.404.0000, Rel. Des. Fed. Candido Alfredo Silva Leal, j. 10/06/2015.

viessem a completar três anos de congelamento, *desde que já estivessem congelados na data de publicação da lei.*

Não há – simplesmente não há – qualquer menção aos embriões que viessem a ser congelados posteriormente à publicação da Lei. Por via lógica de consequência, a utilização de embriões cujo congelamento aconteceu em data posterior à publicação da lei, não possui amparo legal[40]. Existe um limbo jurídico e a utilização para pesquisa ou descarte se torna, nesta hipótese, no mínimo, controversa.

Eis, portanto, um claro exemplo em que a falta de uma normativa adequada gera insegurança jurídica para a atividade de reprodução humana assistida, uma vez que os marcos legais são inexistentes, ou insuficientes, ou obscuros, desproporcionais e contraditórios.

Em 1988, a Constituição Federal instituiu, no § 4º de seu art. 199, no capítulo dedicado à saúde, que: "A lei disporá sobre as condições e os requisitos que facilitem a remoção de órgãos, tecidos e substâncias humanas para fins de transplante, pesquisa e tratamento, bem como a coleta, processamento e transfusão de sangue e seus derivados, sendo vedado qualquer tipo de comercialização."

O Brasil, entretanto, vem deixando a regulação da matéria da procriação medicamente assistida a cargo da deontologia médica. Aliás, as Resoluções 1.957/2010, 2.013/2013 e 2.121/2015 do Conselho Federal de Medicina, em suas exposições de motivos indicam – expressamente – a necessidade de edição de uma legislação específica e lembram a letargia do

---

40   Lei nº 11.105/2005 Art. 5º - É permitida, para fins de pesquisa e terapia, a utilização de células-tronco embrionárias obtidas de embriões humanos produzidos por fertilização *in vitro* e não utilizados no respectivo procedimento, atendidas as seguintes condições:
I – sejam embriões inviáveis; ou
II – sejam embriões congelados há 3 (três) anos ou mais, na data da publicação desta Lei, ou que, já congelados na data da publicação desta Lei, depois de completarem 3 (três) anos, contados a partir da data de congelamento.
§ 1º Em qualquer caso, é necessário o consentimento dos genitores.

Legislativo no cumprimento dessa obrigação. Portanto, é preciso que o Brasil avance e legisle nesse âmbito.[41]

Os autores da presente obra divergem acerca da força vinculante das Resoluções do CFM. De toda a matéria tratada, esse é o único ponto em que possuem entendimentos distintos, o que serve – antes de tudo – para marcar a complexidade desse domínio do Direito da Saúde.

Para Eduardo Dantas,[42] contrastando com a quase inexistência de produção legislativa específica, as lacunas existentes no campo da medicina reprodutiva vem sendo preenchidas pelo Conselho Federal de Medicina, com a elaboração e publicação de Resoluções, de caráter deontológico, visando orientar os parâmetros éticos a serem adotados quando da manipulação e utilização das técnicas de reprodução assistida.

Discorda o autor daqueles que sustentam que tais normas, por serem produzidas *interna corporis*, não possuem caráter obrigatório-vinculativo geral, por depender a matéria da elaboração de leis específicas para tanto.

Sustenta que o Conselho Federal de Medicina é autarquia instituída por força da Lei Federal nº 3.268, de 30 de setembro de 1957, tendo sido regulamentada pelo Decreto nº 44.045, de 19 de julho de 1958. Posteriormente, foi alterada pela Lei Federal nº 11.000, de 15 de dezembro de 2004, também regulamentada pelo Decreto nº 6.281, de 14 de abril de 2009. Suas atribuições e competências estão ali bem delineadas e dentre elas, estão as de disciplinar e fiscalizar o cumprimento das regras que regerão a prática da medicina no país, podendo, para tanto, editar resoluções. Estas resoluções, por sua vez, possuem

---

41 A doutrina é categórica no sentido de que uma falta de resposta legislativa nessa matéria termina pode expor as partes a um cenário altos riscos, pautado pela insegurança jurídica e muitas vezes pela exploração econômica, em virtude da ausência de regulação e sanções aos desvios legais. Nesse sentido, ver PREISLER, Andrea. "Assisted Reproductive Technology: The Dangers of an Unregulated Market and the Need for Reform", *In: DePaul Journal of Health Care Law*, Vol. 15, nº 2, pp. 213-236, 2013, p. 214.

42 DANTAS, Eduardo. *Direito médico*, cit., pp. 299-301.

caráter supletivo a todo o processo legislativo, por força do determinado pelo artigo 59 da Constituição Federal:

> Art. 59. O processo legislativo compreende a elaboração de:
> I – emendas à Constituição;
> II – leis complementares;
> III – leis ordinárias;
> IV – leis delegadas;
> V – medidas provisórias;
> VI – decretos legislativos;
> VII – resoluções.

Assim, entende que, em tudo aquilo que não conflitar com normas de hierarquia superior, suas diretrizes possuem força normativa e devem ser adotadas como parâmetro legal. A força legiferante emanada atua em caráter supletivo, como dito, e se manifesta sempre que há omissão daqueles incumbidos de legislar.

Em sentido contrário, Marianna Chaves,[43] entende que as Resoluções indicadas no Art. 59, VII da CF/88 visam tão somente regulamentar matéria de interesse interno (administrativo ou político) da Câmara dos Deputados e do Senado Federal, em conjunto ou separadamente.

Como indica a doutrina constitucionalista,[44] através das resoluções, serão regulamentadas as matérias de competência privativa do Senado (CF, Art. 52) e da Câmara dos Deputados (CF, Art. 51). Os Regimentos Internos de cada Casa determinam as regras sobre o processo legislativo. Uma vez finalizada a elaboração do projeto de resolução, ela será promulgada pelo Presidente do Congresso Nacional, se dispor sobre matéria de

---

43 Entendimento já exposto em CHAVES, Marianna. "Famílias ectogenéticas: os limites jurídicos para utilização de técnicas de reprodução assistida", *In*: *Famílias nossas de cada dia* – Anais do Congresso Brasileiro de Direito de Família. Belo Horizonte: IBDFAM, pp. 309-340, 2016, pp. 318-319.

44 LENZA, Pedro. *Direito constitucional esquematizado*. 12. ed. São Paulo: Saraiva, 2008, p. 392; SILVA, José Afonso da. *Comentário contextual à Constituição*. 5. ed. São Paulo: Malheiros Editores, 2008, p. 438.

interesse compartilhado das duas Casas, como o Regimento Comum, sua reforma, etc. Na hipótese de versar sobre matéria apenas de interesse da Câmara dos Deputados, ela inicia e termina ali, sendo promulgada pelo Presidente da Câmara; se for matéria de interesse do Senado, começa e termina ali, sendo promulgada pelo Presidente do Senado.

Nessa lógica, entende a autora que a Resolução do CFM sobre procriação medicamente assistida não possui força de lei, não vinculando as partes ou o juiz que venha a dirimir um eventual litígio. Todavia, isso não quer dizer que, na hipótese de lide judicial, seus princípios e disposições não possam ser considerados na decisão. O Art. 140 do Novo Código de Processo Civil estabelece que o juiz não se desobriga de sentenciar ou despachar arguindo lacuna ou obscuridade da lei. No julgamento da contenta deverá aplicar as normas legais; na hipótese de inexistência – como é esse caso específico – recorrerá à analogia, aos costumes e aos princípios gerais de direito. Esse raciocínio também é apresentado pelo Art. 4º da LINDB.[45]

Certamente, levando em consideração – ou fazendo uma remissão a – todas as normas presentes e amplamente aceitas na Resolução do CFM e tutelando questões que não foram previstas, reguladas de forma inconsistente ou incompleta na Resolução ou na legislação vigente. Aliás, não obstante a Resolução não possua força normativa, suas regras já fazem parte da jurisprudência pátria:

> CONSTITUCIONAL. MANDADO DE SEGURANÇA. ILEGITIMIDADE ATIVA *AD CAUSAM*. INOCORRÊNCIA. LIVRE PLANEJAMENTO FAMILIAR. RESOLUÇÃO CFM Nº 2013/2013. REPRODUÇÃO ASSISTIDA. UTILIZAÇÃO DE ÓVULOS DO MESMO NÚCLEO FAMILIAR. NECESSIDADE DE DILAÇÃO PROBATÓRIA. INADEQUAÇÃO DA VIA ELEITA. 1.

---

45 Lei de Introdução às Normas do Direito Brasileiro, Art. 4º: "Quando a lei for omissa, o juiz decidirá o caso de acordo com a analogia, os costumes e os princípios gerais de direito".

Afastada a alegação de ilegitimidade ativa ad causam, porquanto, muito embora a matéria trazida à liça, nos presentes autos, seja alusiva à ética médica, é indubitável a sua repercussão no que se refere ao direito próprio das impetrantes, *uma vez que é a Resolução CFM nº 1.957/2010, posteriormente substituída pela Resolução nº 2013/2013, que expressamente proíbe o procedimento aqui pretendido, qual seja, a utilização de óvulos de pessoas componentes de um mesmo grupo familiar.* 2. Conforme disciplinam o art. 5º, incisos LXIX e LXX da Constituição da República e o art. 1º da Lei nº 12.016/09, mandado de segurança é o remédio constitucional que visa a assegurar direito líquido e certo não amparado por habeas corpus ou habeas data, violado ou ameaçado de lesão por parte de autoridade. 3. O direito é certo, desde que o fato seja certo; incerta será a interpretação, mas esta se tornará certa, mediante a sentença, quando o juiz fizer a aplicação da lei no caso concreto controvertido. 4. No caso concreto, os impetrantes, casados há mais de 3 (três) anos, ajuizaram a presente ação mandamental, objetivando a utilização da técnica denominada ovodoação, pela qual a segunda impetrante, em razão da idade avançada, utilizaria, em sua gestação, óvulos doados de alguma das demais impetrantes, todas pertencentes ao seu núcleo familiar. 5. *Por sua vez, a Resolução CFM nº 1.957/2010, posteriormente substituída pela Resolução CFM nº 2.013/2013, cujo item IV, nº 2 impede que os doadores conheçam a identidade dos receptores e vice-versa, foi editada a fim de regular as normas éticas para a utilização das técnicas de reprodução assistida, considerando a importância da infertilidade humana como um problema de saúde, com implicações médicas e psicológicas (...) e a necessidade de harmonizar o uso destas técnicas com os princípios da ética médica.* 6. Em razão de a questão trazida à liça tratar de matéria eminentemente técnica, de rigor seria a produção de prova pericial médica, a fim de comprovar a atual situação clínica da impetrante Maria José de Souza e esclarecer, de modo pormenorizado, os métodos utilizados na reprodução assistida em comento. 7. Ademais, as possíveis repercussões psicossociais para a criança fruto do aludido método reprodutivo deveriam ser analisadas com maior acuidade por um profissional capacitado para tanto. 8. Nesse passo, sendo a questão eminentemente técnica e não comprovando as impetrantes, por meio de documentação idônea, o alegado abuso de poder, não há que se falar em direito líquido e certo capaz de lhe garantir a concessão da ordem pleiteada, sendo de rigor a manutenção da r. sentença recorrida que julgou extinto o processo sem resolução de mérito, ainda que por fundamento diverso, devendo ser ressalvada, contudo, a utilização das vias ordinárias. 9. Apelação improvida. (TRF-3, 6ª T., AMS: 8452 MS 0008452-65.2013.4.03.6000, Rel.ª Des.ª Fed. Consuelo Yoshida, j. 11/12/2014).

No sistema jurídico brasileiro, não existem regras e restrições, a não ser as de caráter da deontológico criadas pelo próprio CFM, que – no entendimento da segunda autora – não vinculam qualquer pessoa a não ser os médicos e os serviços de saúde.

Portanto, ela entende que o Brasil terminou por tornar exequível um sistema médico de enfrentamento da infertilidade e promoção da parentalidade, mas olvidou-se de legitimar legislativamente a prática, fato reconhecido inclusive pelo próprio CFM. É inconcebível que tal matéria – de ordem pública – seja deixada à cargo de corpos autônomos e sem competência legislativa, em uma espécie de auto-regulação extrajurídica.

Há quem defenda que esses assuntos deveriam ser deixados à decisão das partes, dos membros da família, na moldura dos diversos "ordenamentos intermédios" – a deontologia, a ética, as orientações das comissões de reflexão. Todavia, a opinião dominante em países de matriz romano-germânica ou do sistema da *Civil Law* é no sentido de uma intervenção legislativa.

Os próprios médicos e profissionais de saúde – como se depreende da exposição de motivos do CFM – clamam por legislação. Tal necessidade pode residir no fato de que médicos, biólogos e outros profissionais relacionados à saúde não se satisfazem com diretrizes fundamentadas tão somente na deontologia ou na convicção profissional, e almejam que o Direito determine com segurança o que é e o que não é lícito. Impossibilitados de encontrarem sozinhos as fronteiras da sua arte, em um tempo em que expande as responsabilização civil e criminal dos atos médicos, os profissionais possuem consciência de que já não é suficiente uma "ética corporativa para legitimar a prática científica".[46]

Entretanto, a reserva da intimidade da vida privada e vida familiar não podem ser suficientes para afastar o alcance Estado e de uma legislação com ampla intervenção nesta matéria. Não se mostra bastante apenas o ato de o Estado fixar balizas longínquas de legalidade, deixando à consciência dos particulares o arbítrio de estabelecer o que bom e lícito.[47] A falta de resposta legislativa nessa matéria termina pode expor as partes a um cenário altos riscos, pautado pela insegurança jurídica e muitas vezes pela exploração econômica, em virtude da ausência de regulação e sanções aos desvios legais.[48]

Ademais, importa referir que a PMA acarreta em novas dimensões de conceitos básicos como os da maternidade e da paternidade, da dignidade da pessoa humana, da monogamia, da integridade moral das pessoas, além de suscitar novas interpretações das regras jurídicas clássicas ou impor novas regras. Portanto, não é matéria que se deixe pura e simplesmente à deontologia dos profissionais da medicina ou a quaisquer outras disciplinas intermédias, à livre consciência das pessoas e da família ou ao cuidado de comitês de reflexão. Como ressalta Guilherme de Oliveira, "é matéria de responsabilidade do

---

46 Como adverte Guilherme de Oliveira em texto publicado antes do surgimento da Lei de Procriação Medicamente Assistida (Lei nº 32/2006) em Portugal. OLIVEIRA, Guilherme de. "Legislar sobre Procriação Assistida", In: *Temas de Direito da Medicina*/ Guilherme de Oliveira. 2. ed. Coimbra: Coimbra Editora, pp. 89-104, 2005, pp. 91-92.

47 Cfr. OLIVEIRA, Guilherme de. "Aspectos jurídicos da procriação assistida", In: *Temas de Direito da Medicina*/ Guilherme de Oliveira. 2. ed. Coimbra: Coimbra Editora, pp. 5-30, 2005, p. 7.

48 Cfr. PREISLER, Andrea. "Assisted Reproductive Technology: The Dangers of an Unregulated Market and the Need for Reform", In: *DePaul Journal of Health Care Law*, Vol. 15, nº 2, pp. 213-236, 2013, p. 214.

Estado; é questão de interesse público que reclama intervenção legislativa".[49]

Passemos, pois, a analisar e comentar passo a passo, o conteúdo da Resolução CFM nº 2121/2015, atualmente em vigor, que regulamenta os aspectos deontológicos da reprodução humana assistida.

---

[49] Complementa ainda o professor português que "esta necessidade de intervenção do legislador foi dada por assente nas comissões Warnock e Benda, respectivamente na Inglaterra e na Alemanha. A própria responsável da comissão inglesa, Mary Warnock, num comentário breve sobre o trabalho que dirigiu, afirmou destacadamente que 'há acordo na sociedade sobre um ponto: o de que a *legislação é necessária*'. Por sua vez, o relatório termina com uma lista de recomendações que supõem ou expressamente exigem a intervenção legislativa. Também o relatório BENDA faz amplas recomendações de intervenção legal". (Grifos no original). Cfr. OLIVEIRA, Guilherme de. "Legislar sobre Procriação Assistida", cit., pp. 95-97.

I
PRINCÍPIOS GERAIS

1 – As técnicas de reprodução assistida (RA) têm o papel de auxiliar na resolução dos problemas de reprodução humana, facilitando o processo de procriação.

Inicialmente, as técnicas de procriação medicamente assistida foram pensadas para – unicamente – auxiliarem aqueles que sofriam de alguma espécie de infertilidade ou dificuldade na reprodução. Note-se, todavia, que esse cenário mudou drasticamente no Brasil e em outros países que não encaram as técnicas de reprodução humana assistida como métodos estritamente subsidiários.

As técnicas de reprodução humana assistida continuam sendo usadas como tratamento da infertilidade, mas também passaram a ser aplicadas com o intuito de prevenir graves problemas de saúde. A seleção embrionária e o diagnóstico genético pré-implantacional, por exemplo, possuem como objetivo evitar o nascimento de crianças com doenças genéticas específicas transmissíveis.

Além disso, as técnicas de PMA igualmente abrem os caminhos para utilização em outros cenários que não a solução da infertilidade, resultando na criação de tipos não-tradicionais de família e alterando as fronteiras dos pais naturais para os pais jurídicos. Assim, mulheres na menopausa, casais do mesmo sexo podem se tornar pais e mesmo um homem falecido pode se tornar pai biológico através da reprodução assistida *post-mortem*. Aos *gays* existe ainda a possibilidade de recorrerem à gestação de substituição.[1] Assim, para esse grupo de pessoas, as técnicas de reprodução humana assistida perderam o seu caráter de subsidiariedade, tendo em vista que não podem se reproduzir de outra forma. Esse é um cenário que pode ser denominado por "infertilidade social".[2]

O art. 11, nº 2 da Convenção Interamericana de Direitos Humanos – Pacto de San José da Costa Rica é contundente ao afirmar que ninguém pode ser vítima de "ingerências arbitrárias ou abusivas" em sua vida privada ou familiar. A Constituição Federal, no art. 5º, X, também consagra a inviolabilidade da vida privada e da intimidade. Em igual sentido se manifesta o art. 17, nº 1 do Pacto Internacional sobre Direitos Civis e Políticos.

A jurisprudência vem se alinhando à ideia de que o direito ao livre planejamento familiar e o direito à reprodução são direitos fundamentais, como proposto no presente estudo. Além disso, vem-se considerando que dentro da noção de saúde constitucionalmente tutelada está englobada a saúde procriativa, como já advertiu julgado do Tribunal de Justiça do Rio Grande do Sul que condenou o Estado e o município de Porto Alegre a custearem a procriação medicamente assistida de uma mulher que sofria de Abortamento Habitual (CID N96):

> O direito de acesso à saúde está previsto no art. 6º da Constituição como um direito fundamental e, conquanto se constitua em um princípio, contém força normativa para atribuir direitos subjetivos à pessoa que necessita de medicamentos, exames ou procedimentos para a promoção, proteção e recuperação de sua saúde.
>
> Nos termos do que prevê o art. 196, também da CRFB, o Estado deve instituir políticas públicas que sejam suficientes

---

1   Em sentido análogo, ver STEINER, Elisabeth; ROSU, Andreea Maria. "Medically Assisted Reproductive Technologies (ART) and Human Rights – European Perspective", cit., p. 342.

2   RAPOSO, Vera Lúcia. O direito à imortalidade, cit., p. 719.

e eficazes para a promoção, proteção e recuperação da saúde da pessoa.

Incumbe ao Poder Judiciário determinar o cumprimento das prestações contidas nas políticas públicas que garantam acesso universal e igualitário aos serviços criados para atender ao dever do Estado e, também, realizar o exame da suficiência da política pública para assegurar o conteúdo mínimo de proteção que o princípio constante no direito fundamental de acesso à saúde exige.

Assim, nos casos em que a política pública se demonstra insuficiente ou ineficaz aos seus fins, é possível a sua revisão judicial com a concessão de medicação, exame ou procedimento não previsto.

Com tais medidas, não se privilegia um interesse subjetivo, porque o interesse social é de que a política seja suficiente e eficaz. Também não há ofensa ao princípio da pessoalidade, porque a causa da revisão judicial é a insuficiência da terapêutica adotada pelo protocolo. Tampouco há ofensa ao princípio da divisão de Poderes, pois a revisão dos atos administrativos é função judicial típica, bem assim às normas orçamentárias ou ao princípio da reserva do possível, porque a colisão entre princípios não admite raciocínios de tudo ou nada, exigindo antes a compatibilização, de forma a obter a máxima otimização de ambos.[3]

Além das normas constitucionais, é preciso referir que os direitos reprodutivos são considerados pela Organização das Nações Unidas como direitos humanos. Para a ONU,[4] os direitos reprodutivos representam uma constelação de liberdades e direitos já reconhecidos nas legislações nacionais, instrumentos internacionais de direitos humanos e outros documentos de consenso. Os direitos reprodutivos referem-se a uma diversi-

---

3   TJRS, 22ª C. Cível, AI 70067032938 RS, Rel.ª Des.ª Denise Oliveira Cezar, j. 03/11/2015.
4   ONU. "Reproductive Rights are Human Rights: A Handbook for National Human Rights Institutions", p. 21. Disponível em: http://www.ohchr.org/Documents/Publications/NHRIHandbook.pdf Acesso em: 18/03/2017.

dade de direitos civis, políticos, econômicos, sociais e culturais que afetam a vida sexual e reprodutiva de pessoas e pares.

O art. 196 da Lei Fundamental Brasileira, harmoniza-se com o Princípio 8 da Conferência Internacional sobre População e Desenvolvimento (CIPD) do Cairo, de 1994:

> Princípio 8
> Toda pessoa tem direito ao gozo do mais alto padrão possível de saúde física e mental. Os estados devem tomar todas as devidas providências para assegurar, na base da igualdade de homens e mulheres, o acesso universal aos serviços de assistência médica, inclusive os relacionados com saúde reprodutiva, que inclui planejamento familiar e saúde sexual. Programas de assistência à saúde reprodutiva devem prestar a mais ampla variedade de serviços sem qualquer forma de coerção. Todo casal e indivíduo têm o direito básico de decidir livre e responsavelmente sobre o número e o espaçamento de seus filhos e ter informação, educação e meios de o fazer.[5]

Analogamente à Conferência do Cairo, a Declaração de Pequim de 1995 estabeleceu que:

> (...) os direitos de reprodução abarcam certos direitos humanos que já estão reconhecidos nas legislações nacionais, em documentos internacionais relativos aos direitos humanos e em outros documentos e consensos. Tais direitos têm por base o reconhecimento do direito fundamental de todos os casais e indivíduos a decidir livre e responsavelmente o número de seus filhos, o momento de seu nascimento e o intervalo entre eles, a dispor de informação sobre os meios para isso e a alcançar o mais alto nível de saúde sexual e reprodutiva. Também inclui seu direito de adotar decisões relativas à reprodução sem sofrer discriminação, coações nem violências, em conformidade

---

5   Disponível em: http://www.unfpa.org.br/novo/index.php/biblioteca/cipd Acesso em: 18/03/2017.

com o que estabelecem os documentos relativos aos direitos humanos.[6]

Como adverte alguma doutrina, o respeito e a salvaguarda do livre exercício dos direitos reprodutivos e sexuais é a diretriz fundamental para "manter-se o bem-estar social, onde a sociedade e a família possam prover seus indivíduos das condições indispensáveis ao bom desenvolvimento físico, mental, intelectual e moral".[7]

O Estado brasileiro deve, por imperativo constitucional, salvaguardar a saúde reprodutiva dos seus cidadãos, que não se resume à ausência de enfermidades ou moléstias, sendo antes o estado de total bem-estar social, físico e mental em todas as matérias relativas ao sistema reprodutivo, suas finalidades e processos.

A legislação brasileira deve reconhecer ampla liberdade no exercício da sexualidade e da reprodução (em seus sentidos positivo e negativo), apenas cabendo restrições a tais direitos fundamentais quando esteja em causa violação aos direitos fundamentais de terceiros, bens ou valores constitucionalmente salvaguardados.[8]

Como foi referido anteriormente, algumas decisões judiciais vem se inclinando no sentido de obrigar o Estado brasileiro que forneça medicamentos e propicie o acesso às técnicas de PMA pessoas e casais carentes. Equivocadamente, alguns julgados negam os pleitos com fundamento na ideia de que não haveria risco à saúde e à vida dos pleiteantes e, por essa razão,

---

[6] Declaração e Plataforma de Ação da IV Conferência Mundial Sobre a Mulher. Disponível em: http://www.onumulheres.org.br/wp-content/uploads/2014/02/declaracao_pequim.pdf Acesso em: 18/03/2017.

[7] BRAUNER, Maria Claudia Crespo. *Direito, sexualidade e reprodução humana: conquistas médicas e o debate bioético*. Rio de Janeiro: Renovar, 2003, p. 16.

[8] Nesse sentido, ver DURÁN, Manuel Carrasco. "Reprodução: Interpretação Constitucional e Biodireito", In: *Direito à Reprodução e à Sexualidade: Uma Questão de Ética e Justiça*/ Samantha Buglione; Miriam Ventura (orgs.). Rio de Janeiro: Lumen Juris, pp. 237-261, 2010, p. 244.

a saúde reprodutiva não estaria inserida na noção do direito à saúde tutelado. Todavia, como já se advertiu em decisão do Tribunal de Justiça de São Paulo:

> Infertilidade, evidentemente, não é mal que, per se, alinhe-se dentre os que coloquem em risco a vida ou a saúde do indivíduo. Liga-se o tema, em verdade, ao princípio da dignidade humana, objeto da tutela trazida no art. 226, § 7º, da Constituição da República. Não pode o Estado, pois, furtar-se à dação de meios à sua efetividade.
> (...)
> Há que se considerar que os avanços da medicina no campo da reprodução assistida trouxeram para casais inférteis novas perspectivas, ao mesmo tempo em que a dificuldade em ter acesso a essas técnicas, por parte dos casais desprovidos de recursos, provoca uma série de dilemas, conflitos e ansiedades, repercutindo na vida pessoal e na saúde.
> (...)
> Acompanhando as normas internacionais sobre direitos humanos da sexualidade e reprodução, foi promulgada a Lei nº 9.263, de 12 de janeiro de 1996, que regulamenta o planejamento familiar proposto no § 7º do artigo 226 da Constituição Federal. Essa lei insere o planejamento familiar como parte integrante do conjunto de ações voltado ao atendimento integral à saúde (art. 3º, caput, determinando que o SUS, em todas as suas instâncias, promova "a assistência à concepção e contracepção" (art. 3º, parágrafo único, inciso I). Além disso, estabelece que sejam disponibilizados os recursos técnico-científicos necessários à concepção e contracepção, garantida a liberdade de opção (artigos 4º, 5º e 9º).
> (...)
> Observa-se, portanto, que há no Brasil previsão legal para que o Estado proporcione aos cidadãos o acesso aos recursos científicos necessários e disponíveis a atender o direito de gerar filhos.[9]

---

9   TJSP, 7ª C. de Direito Público, AC 00130550920108260506 SP 0013055-09.2010.8.26.0506, Rel. Des. Coimbra Schmidt, j. 08/02/2013.

Em sentido análogo, o Tribunal de Justiça do Paraná já esclareceu que o direito em causa não é um direito patrimonial, mas antes

> (...) um direito fundamental, o direito à saúde, à sua integridade psicossomática, o que compreende o direito a não sofrer, ou o direito a obter prontamente a cura ou o alívio à sua doença. Dizer o contrário, ou seja, de que apenas o tratamento médico de urgência ou de emergência comporta tutela antecipada para assegurá-lo, será o mesmo que dizer que a dignidade da pessoa humana pode ser lesada em algumas hipóteses, impondo-se ao usuário não corre de vida ou de agravamento do seu estado de saúde a espera, embora doente, de mais algum tempo até que o processo alcance o seu fim. Desde que aparente o direito ao tratamento, a tutela deve ser sempre antecipada, porque o risco de dano é *in re ipsa*, a permanência do estado de saúde debilitado do usuário do plano em si mesmo constitui um dano à pessoa.[10]

Como já foi ressaltado em decisão do Tribunal de Justiça de Alagoas, "não se pode privar um casal hipossuficiente de gerar um filho. A pretensão de obter o tratamento para fertilização in vitro não foge do postulado de garantia à saúde, que deve ser assegurado pelo Poder Público".[11]

Assim, importa ressaltar que a Judicialização da questão poderia ser desnecessária, se o Governo brasileiro estivesse a cumprir com a sua obrigação de tutelar a saúde – incluída a saúde reprodutiva – e cumprindo a Portaria nº 426/GM, que institui, no âmbito do SUS, a Política Nacional de Atenção Integral em Reprodução Humana Assistida e dá outras providências. Como já foi advertido em julgado, cujo relator em seu voto fez menção à Portaria do Sistema Único de Saúde:

---

10 TJPR, 10ª C. Cível, AI 13422350 PR 1342235-0, Rel. Des. Albino Jacomel Guerios, j. 07/05/2015.

11 TJAL, 2ª C. Cível, AI 08016442620148020000 AL 0801644-26.2014.8.02.0000, Rel.ª Des.ª Elisabeth Carvalho Nascimento, j. 19/03/2015).

> AGRAVO DE INSTRUMENTO. DIREITO PÚBLICO NÃO ESPECIFICADO. SAÚDE PÚBLICA. FERTILIZAÇÃO IN VITRO. ANTECIPAÇÃO DE TUTELA. PRESENÇA DOS REQUISITOS AUTORIZADORES. É de conhecimento geral que a saúde é um direito de todos (previsto na Constituição Federal), que deve ser garantido através de políticas públicas, regidas pelos princípios da universalidade e da igualdade de acesso. Caso concreto que autoriza o deferimento da tutela antecipada, diante da urgência e perigo de insucesso do tratamento. AGRAVO DE INSTRUMENTO PROVIDO. (TJRS, 1ª C. Cível, AI 70058698614, Rel. Des. Newton Luís Medeiros Fabrício, j. 28/05/2014).

E, reitere-se, como já foi demonstrado através de diversos julgados mencionados anteriormente: o fato de o SUS prever uma política de Procriação Medicamente Assistida e os contratos de seguros e planos de saúde excluírem, em regra, esse tipo de tratamento, não se presta para afastar a obrigação de as seguradoras custearem esses processos reprodutivos:

> Se é certo, quanto aqueles que não disponham de condições financeiras, estar prevista cobertura pelo SUS (art. 3º, parágrafo único, Lei nº 9.263/96), em cujo âmbito instituída a Política Nacional de Atenção Integral em Reprodução Humana Assistida (Portaria nº 426/GM, de 22.03.05; Portaria nº 388, do Secretário de Atenção à Saúde, de 06.07.05), no entanto não se pode deixar ao relento casos em que tal atendimento resta impossibilitado ou extremamente difícil.[12]

---

12 TJRS, 6ª C. Cível, AC:70045979077 RS, Rel. Des. Luís Augusto Coelho Braga, j. 12/09/2013.

2 – As técnicas de RA podem ser utilizadas desde que exista probabilidade de sucesso e não se incorra em risco grave de saúde para o(a) paciente ou o possível descendente, sendo a idade máxima das candidatas à gestação de RA de 50 anos.

O objetivo da reprodução assistida, em qualquer lugar do planeta, é trazer a esse mundo bebês saudáveis. Nessa lógica, muito embora as terapias médicas sejam dirigidas para os pacientes, os resultados são medidos pelo bem-estar das crianças geradas pelos processos de reprodução. Tendo infantes como terceiros beneficiários das técnicas de PMA, a relação médico-paciente passa a estar sujeita a um escrutínio mais abrangente e rigoroso. [13]

O uso de técnicas para criar uma gravidez além da idade reprodutiva natural, ou seja, posteriormente à menopausa, não é algo novo. A FIV com óvulos doados, há algumas décadas, vem sendo utilizada para tratar a infertilidade em mulheres que não possuem ovócitos próprios, que sofreram falência prematura dos ovários ou cujos oócitos não podem ser utilizados por razões médicas. Nas mulheres mais velhas, a ausência de óvulos, que origina-se do esgotamento natural do estoque disponível, pode ser ultrapassada com gâmetas doados.[14]

A grande realidade é que as pessoas estão buscando as técnicas de reprodução humana assistida cada vez mais tarde, o que implica em taxas mais altas de complicações, suscitando novos desafios éticos, médicos e psicológicos. A idade da mãe intencional ou da mulher que irá carregar a criança possui rela-

---

[13] DAAR, Judith. "Federalizing Embryo Transfers: Taming the Wild West of Reproductive Medicine", In: *Columbia Journal of Gender and Law*, vol. 23, nº 2, pp. 257-325, 2012, p. 262.

[14] Cfr. PENNINGS, Guido. "Age and Assisted Reproduction", In: *Medicine and Law*, vol. 14, nº 4, pp. 531-542, 1995, p. 531.

ção com os índices de pré-eclampsia, diabetes gestacional, partos prematuros ou muito prematuros.[15]

Em parecer de 2014, o Conselho Regional de Medicina de Goiás rejeitou o pedido de uma senhora que buscava recorrer às técnicas de PMA aos 58 anos de idade, por considerar que seria uma gravidez de risco para a paciente, portadora de diabetes há 12 anos, com neuropatia periférica, além de hipotiroidismo com bócio nodular:

> Todas as pessoas capazes podem se candidatar a serem receptoras das técnicas de reprodução assistida, desde que sejam esclarecidas de suas chances reais com esta tecnologia, e que não apresentem intercorrências clínicas que as coloquem em risco com a gravidez que poderá ocorrer. (CREMEGO, Processo Consulta n. 02/2014, Parecer n. 14/2014, Rel. Cons. Aldair Novato Silva, 12/08/2014).

Quando os riscos dizem respeito única e exclusivamente à saúde da mulher, é dever do médico informá-la devidamente sobre todos os riscos inerentes à gravidez que deseja levar a cabo. Todavia, esse argumento sozinho não se presta como fundamento razoável de óbice ao acesso à PMA, já que configuraria um menoscabo à autonomia reprodutiva e um regresso ao paternalismo excessivo.

---

15 KLITZMAN, Robert L. "How old is too old? Challenges faced by clinicians concerning age cutoffs for patients undergoing in vitro fertilization", In: *Fertility and Sterility*, vol. 106 , nº 1 , pp. 216 – 224, 2016, p. 216.

3 – As exceções ao limite de 50 anos para participação do procedimento serão determinadas, com fundamentos técnicos e científicos, pelo médico responsável e após esclarecimento quanto aos riscos envolvidos.

Na I Jornada de Direito da Saúde do CNJ, o Enunciado nº 41 foi aprovado com a seguinte redação: "O estabelecimento da idade máxima de 50 anos, para que as mulheres possam submeter-se ao tratamento e à gestação por reprodução assistida, afronta o direito constitucional à liberdade de planejamento familiar".

A idade avançada de reprodução é um fator de risco para infertilidade feminina, perda de gravidez, anomalias fetais, morte fetal e complicações obstétricas. A doação de oócitos reverte o declínio relacionado com a idade nas taxas de implantação e gravidez de mulheres em seus 40 e 50 anos, e restaura o potencial de gravidez além da menopausa. No entanto, as complicações obstétricas em pacientes mais velhas permanecem elevadas, especialmente relacionadas ao parto operatório e aos riscos hipertensivos e cardiovasculares.

Para a Sociedade Americana de Medicina Reprodutiva,[16] os médicos devem realizar uma avaliação médica completa e minuciosa, projetada para avaliar a aptidão física de uma paciente para a gravidez, antes de decidir a tentativa de transferência de embriões para qualquer mulher em idade reprodutiva avançada (acima de 45 anos). A transferência de embriões deve ser fortemente desencorajada ou negada às mulheres em idade avançada, com condições subjacentes que aumentam ou exacerbam os riscos obstétricos. Devido às preocupações relacionadas com a

---

16 ETHICS COMMITTEE OF THE AMERICAN SOCIETY FOR REPRODUCTIVE MEDICINE. "Oocyte or embryo donation to women of advanced reproductive age: an Ethics Committee opinion", In: Fertility and Sterility, vol. 106, nº 5, pp. e3–e7, 2016, p. e3.

natureza arriscada da gravidez, bem como a longevidade, para a Sociedade, o tratamento das mulheres com idade superior a 55 anos deve ser desencorajado.

Além disso, se a mulher estiver carregando o próprio filho e não sendo apenas uma hospedeira, há que se levar em conta o melhor interesse da criança que está por vir. O princípio do melhor interesse da criança e do adolescente possui uma origem relativamente recente,[17] consubstanciada nas modificações ocorridas no arcabouço familiar nas últimas décadas, quando se apartou a função econômica da entidade familiar e ela transmudou-se em núcleo de apoio, companheirismo e afetividade.

O princípio tem sua origem conectada ao instituto do *parens patriae* (autoridade legada ao Estado para agir como guardião de pessoas com uma limitação jurídica), utilizado na Inglaterra como uma faculdade do Rei e da Coroa com fito de proteger os indivíduos que não podiam fazê-lo por si. Tal responsabilidade, inicialmente avocada pela Coroa, a partir do século XIV foi transferida ao Chanceler. E apenas no século XVIII, as Cortes de Chancelaria da Inglaterra diferenciaram as funções do *parens patriae* de proteção de crianças das de proteção de mentecaptos.[18] Ainda assim, note-se que a proteção especial outorgada às crianças não se fundamentava na sua condição especial de pessoa humana em processo de crescimento e amadurecimento, sendo a criança considerada um objeto perten-

---

17 Cfr. MELLO, Celso de Albuquerque. "A criança no direito humanitário", In: *O melhor interesse da criança: um debate interdisciplinar*/ Tânia da Silva Pereira (coord.). Rio de Janeiro: Renovar, pp. 495-523, 2000, p. 496.

18 PEREIRA, Tânia da Silva. "O 'melhor interesse da criança'", In: *O melhor interesse da criança*: um debate interdisciplinar/ Tânia da Silva Pereira (coord.). Rio de Janeiro: Renovar, pp. 1-101, 2000, pp. 1-2.

cente ao seu pai. Assim, a consideração da criança como sujeito é consideravelmente recente.[19]

As crianças e jovens passaram a ser considerados sujeitos de direitos e não assujeitados absolutos às vontades dos pais, como outrora. Numa lógica de entidade veiculadora da valorização dos sujeitos e dignidade dos membros, a criança e o adolescente ganharam especial relevo no ambiente familiar, uma vez que ainda não alcançaram maturidade para coordenarem suas próprias vidas. Precisam, portanto, dos pais ou de alguém que desempenhe as funções parentais para lhes conduzirem ao pleno exercício da autonomia.

A questão que se coloca é de ordem prática: será que uma mulher de 50 anos estará física e psicologicamente preparada para enfrentar uma gravidez, que pela idade, per se, já será mais complicada do que se tivesse de 25 a 35 anos? E depois de ultrapassada a fase gestacional, estará essa mulher física e mentalmente apta a desempenhar a função materna, com todo o desgaste físico consentâneo, mormente nos primeiros anos da criança?

No caso de a mulher ser unicamente gestante de substituição, há que se avaliar os riscos físicos, inclusive de vida, que a gestação poderia acarretar. Tal análise se mostra genuinamente pertinente no caso de mulheres com idade superior a 50 anos, com histórico de partos por cesariana, que implicam maior risco de ruptura uterina. Todavia, como já foi mencionado, o risco à saúde da mulher não configura argumento legítimo para impedi-la de reproduzir. O elemento mais forte a ser considerado no exercício dos direitos reprodutivos vincula-se aos riscos acrescidos de malformações, de abortamentos e de mortalidade pós-natal.[20]

---

19   MEIRELLES, Rose Melo Vencelau. "O princípio do melhor interesse da criança", In: *Princípios do direito civil contemporâneo*/ Maria Celina Bodin de Moraes (coord.). Rio de Janeiro: Renovar, pp. 459-494, 2006, pp. 463-464.

20   Essa é a opinião de RAPOSO, Vera Lúcia. O direito à imortalidade, cit., p. 704.

4 – O consentimento livre e esclarecido informado será obrigatório para todos os pacientes submetidos às técnicas de reprodução assistida. Os aspectos médicos envolvendo a totalidade das circunstâncias da aplicação de uma técnica de RA serão detalhadamente expostos, bem como os resultados obtidos naquela unidade de tratamento com a técnica proposta. As informações devem também atingir dados de caráter biológico, jurídico e ético. O documento de consentimento livre e esclarecido informado será elaborado em formulário especial e estará completo com a concordância, por escrito, obtida a partir de discussão bilateral entre as pessoas envolvidas nas técnicas de reprodução assistida.

Esse ponto vincula-se diretamente ao art. 15, §3º do Código de Ética Médica[21], que veda que o médico execute o procedimento de procriação medicamente assistida sem que as partes estejam em total concordância e devidamente esclarecidas sobre o ato médico e o processo como um todo. Afirma-se na doutrina que o consentimento informado na prestação de cuidados de saúde é uma expressão do livre desenvolvimento da personalidade.[22]

O art. 3º, nº 1 da Declaração Universal sobre Bioética e Direitos Humanos, adotada por aclamação por todos os Estados-

---

21 Para uma análise mais aprofundada da matéria, consultar DANTAS, Eduardo; COLTRI, Marcos. *Comentários ao Código de Ética Médica*. 2. ed. Rio de Janeiro: GZ, 2012.

22 MANSO, Luís Duarte Baptista. "Da obrigação de informar em diagnóstico pré-natal e diagnóstico genético pré-implantação – as acções de ´wrongful birth´ e ´wrongful life´ e o instituto da responsabilidade civil", In: *Direito da saúde* – estudos em homenagem ao Prof. Doutor Guilherme de Oliveira, vol. 4: Genética e PMA/ João Loureiro; André Dias Pereira; Carla Barbosa (coords.). Coimbra: Almedina, pp. 129-142, 2016, p. 129.

Partes da UNESCO em 2005, é enfática ao dispor que a dignidade humana, os direitos humanos e as liberdades fundamentais devem ser totalmente respeitados. O nº 2 do mesmo dispositivo assevera que o bem-estar e os interesses das pessoas devem prevalecer sobre o interesse exclusivo da sociedade ou da ciência. Nesse sentido, pode-se dizer que o interesse do paciente deverá prevalecer sobre o interesse exclusivo do médico.

A bioética foi construída sobre quatro pilares fundamentais: não-maleficência, beneficência, justiça e autonomia. Quanto mais privada a escolha, ou seja, quanto mais disser respeito à integridade dos próprios projetos e à auto-concepção do indivíduo, e quanto menos afetar diretamente terceiros, mais robusto será o direito à autonomia das pessoas.[23]

Reforçando essa ideia, o art. 22 do mesmo diploma adverte que é proibido ao médico deixar de obter o consentimento do seu paciente ou representante legal após o esclarecimento concernente ao procedimento a ser efetuado. Sobre o consentimento, a Declaração Universal sobre Bioética e Direitos Humanos, determina, em seu art. 6º, nº 1, que:

> Qualquer intervenção médica de carácter preventivo, diagnóstico ou terapêutico só deve ser realizada com o consentimento prévio, livre e esclarecido da pessoa em causa, com base em informação adequada. Quando apropriado, o consentimento deve ser expresso e a pessoa em causa pode retirá-lo a qualquer momento e por qualquer razão, sem que daí resulte para ela qualquer desvantagem ou prejuízo.

O art. 24 do Código veda ao médico deixar de assegurar ao paciente o exercício do direito de decidir livremente sobre si próprio e o seu bem-estar, assim como impor a sua autoridade de maneira a restringir essa autonomia. Esse dispositivo se harmoniza com o princípio XXI, que indica que no processo de

---

23 Como adverte SCHUCK, Peter H. "Rethinking Informed Consent", *In: Yale Law Journal*, vol. 103, nº 4, pp. 899-960, 1994, p. 924.

tomada de decisões, o médico acatará as escolhas das pacientes, no que diz respeito aos meios diagnósticos e terapêuticos por elas escolhidos, desde que adequados à situação e cientificamente reconhecidos.

Tal cânone do Código de Ética Médica, por sua vez, está visceralmente ligado ao princípio da autonomia e da responsabilidade individual, consagrado no art. 5º da Declaração Universal sobre Bioética e Direitos Humanos, onde se defende um respeito à autonomia das pessoas na tomada de decisões, em uma superação do que alguma doutrina chama de "infantilização do paciente".[24]

A relação médico x paciente tem um de seus pilares atuais no dever de informação, mais precisamente, na obrigação de o médico prestar ao beneficiário das técnicas de reprodução humana assistida, todas as informações possíveis para que este possa exercer direito seu, amparado em um dos princípios bioéticos mais importantes, o da autonomia, ou seja, a possibilidade de dispor de seu próprio destino, decidindo a qual tratamento irá se submeter, embasado em informações claras e precisas sobre os riscos e benefícios possíveis, advindos de sua decisão.

A autonomia – materializada na capacidade de autodeterminação – das pessoas pode ser apontada como uma das mais nobres prerrogativas humanas. Nessa lógica, a liberdade é muito mais do que uma mera orientação ética, "é a *conditio sine qua non* da ética, como o é também para o direito".[25] O consentimento informado é não apenas um elemento vital das *leges artis*, mas um direito humano fundamental da paciente e uma obrigação legal e ética do médico.[26]

---

24 ALVES, Cristiane Avancini. "A Conexão entre a Autodeterminação e a Formação Familiar na Esteira do Princípio da Responsabilidade". In: *Bioética e Responsabilidade*/ Judith Martins-Costa; Letícia Ludwig Möller (orgs.). Rio de Janeiro: Forense, pp. 113-144, 2009.

25 ANDORNO, Roberto. "'Liberdade' e 'Dignidade' da Pessoa: Dois Paradigmas Opostos ou Complementares na Bioética?", cit., p. 74.

26 PEREIRA, André Gonçalo Dias. *O Consentimento Informado na Relação Médico-Paciente: Estudo de Direito Civil*. Coimbra: Coimbra Editora, 2004, p. 66 e p. 265.

Algumas considerações de caráter legislativo necessitam ser feitas: a primeira é de ordem constitucional. A Constituição Federal abriga, em seu artigo 5º, XIV, ao tratar dos direitos individuais e coletivos, preceito no qual textualmente menciona que "é assegurado a todos o acesso à informação". O art. 226, §7º da Lei Fundamental estabelece ainda que o planejamento familiar é "livre decisão do casal", devendo ser "vedada qualquer forma coercitiva por parte de instituições oficiais ou privadas". Sob título de planejamento familiar, está implícita a noção de regulação da descendência, "de contracepção, de esterilização e de todos os outros meios que agem diretamente sobre as funções reprodutoras do homem e da mulher e, especialmente, sobre a saúde de ambos".[27]

Sob o ponto de vista infraconstitucional, a Lei nº 8.080/90, de 19 de setembro de 1990, ao dispor sobre as condições de promoção, proteção e recuperação da saúde, assegura em seu artigo 7º, V, o "direito à informação, às pessoas assistidas, sobre sua saúde". O § 3º do mesmo dispositivo define ainda como diretriz do Sistema Único de Saúde (SUS) a "preservação da autonomia das pessoas na defesa de sua integridade física e moral".

O Código de Defesa do Consumidor, traz ainda com relação ao dever de informação – tratado como um dos direitos básicos do consumidor ali previstos – em seu artigo 3º, III, o direito à "informação adequada e clara sobre os diferentes produtos e serviços, com especificação correta de quantidade, características, composição, qualidade e preço, bem como sobre os riscos que apresentem", noção esta complementada pelos artigos 8º e 9º do mesmo Diploma, aqui aplicáveis em virtude de a atividade disponibilizada pelo profissional de saúde, apesar de diferenciada e especial, ser legalmente classificada como um serviço. Nesse sentido, vai a jurisprudência do Superior Tribunal de Justiça:

---

27 BRAUNER, Maria Claudia Crespo. *Direito, sexualidade e reprodução humana*, cit., p. 15.

Processual civil. Recurso especial. Sociedade civil sem fins lucrativos de caráter beneficente e filantrópico. Prestação de serviços médicos, hospitalares, odontológicos e jurídicos a seus associados. Relação de consumo caracterizada. Possibilidade de aplicação do código de defesa do consumidor. – Para o fim de aplicação do Código de Defesa do Consumidor, o reconhecimento de uma pessoa física ou jurídica ou de um ente despersonalizado como fornecedor de serviços atende aos critérios puramente objetivos, sendo irrelevantes a sua natureza jurídica, a espécie dos serviços que prestam e até mesmo o fato de se tratar de uma sociedade civil, sem fins lucrativos, de caráter beneficente e filantrópico, bastando que desempenhem determinada atividade no mercado de consumo mediante remuneração. Recurso especial conhecido e provido. (STJ, 3ª T., REsp 519310/SP, Rel.ª Min.ª Nancy Andrighi, j. 20/04/2004).

Ao se falar em dever de informação, é quase automática a associação com a expressão "consentimento informado". Por certo, é pacífico em nossa sociedade que a intervenção médica deve ser compreendida e consentida pelo paciente para – inclusive – excluir sua antijuridicidade, como se depreende da própria jurisprudência pátria:

>APELAÇÃO CÍVEL. CIVIL. PROCESSO CIVIL. AÇÃO DE INDENIZAÇÃO POR DANOS MORAIS E MATERIAIS. SENTENÇA *ULTRA PETITA*. AUSÊNCIA DE NULIDADE. SENTENÇA *EXTRA PETITA*. INEXISTÊNCIA. FERTILIZAÇÃO *IN VITRO*. IMPLANTAÇÃO DE CINCO EMBRIÕES. GRAVIDEZ DE QUÍNTUPLOS. NASCIMENTO DE CRIANÇAS COM LESÕES CEREBRAIS. AUSÊNCIA DE CONSENTIMENTO VÁLIDO AO PROCEDIMENTO. NEXO DE CAUSALIDADE ENTRE AS LESÕES E A GESTAÇÃO QUÍNTUPLA CONFIGURADO. DEVER DE INDENIZAR. PENSÃO MENSAL. DANOS MORAIS. VALOR DAS INDENIZAÇÕES. HONORÁRIOS ADVOCATÍCIOS. MAJORAÇÃO.
>1. Não é necessária a cassação da sentença ultra petita, bastando o decote pela instância recursal do valor fixado em excesso na condenação. 2. A sentença não é extra petita se a pretensão infere-se dos fundamentos da petição inicial e do pedido, e o próprio réu defendeu-se de tal pedido em sua contestação. 3. A assinatura de termo de consentimento ao procedimento de

fertilização in vitro, com expressões técnicas ininteligíveis a leigos, não configura consentimento específico válido ao procedimento, tampouco tal como realizado (implantação de cinco embriões), considerando-se as disposições da Resolução 1.358/1992 do Conselho Federal de Medicina (CFM), vigente à época dos fatos (sucedida pelas Resoluções 1.957/2010 e 2.013/2013), que exigia consentimento detalhado e recomendava a implantação de, no máximo, quatro embriões. 4. Não supre a falta de consentimento específico válido ao procedimento de fertilização in vitro a frequência do casal a palestras dirigidas ao público em geral do Programa de Reprodução Humana do Hospital. 5. Não merece acolhimento a alegação de ausência de prova do nexo causal entre as lesões cerebrais sofridas pelas crianças e a gestação de quíntuplos, se os relatórios médicos juntados e o depoimento médico colhido em audiência são claros quanto à relação de causalidade entre a gravidez gemelar, ainda mais de quíntuplos, e a prematuridade daí advinda, e lesões cerebrais tais como as sofridas pelos autores. 6. Estando comprovado que a genitora ficou impossibilitada de exercer atividade laboral em razão da necessidade de cuidar dos filhos, sobretudo dos filhos portadores de necessidades especiais, também lhe é devida a pensão mensal fixada para os filhos acometidos das moléstias graves e incapacitantes advindas da gestação quíntupla. 7. Arbitra-se em um salário mínimo a pensão para cada um dos três autores (genitora e filhos), se nenhum deles exercia atividade remunerada antes do evento danoso. 8. O valor da indenização por danos morais tem como função a compensação pelo sofrimento suportado pela pessoa e a punição do causador do dano, evitando-se novas condutas lesivas. 9. Para o arbitramento do valor devem ser levados em consideração o grau de lesividade da conduta ofensiva e a capacidade econômica da parte pagadora, a fim de se fixar uma quantia moderada, que não resulte inexpressiva para o causador do dano. No caso, mantém o valor de R$ 30.000,00 (trinta mil reais) para cada autor. 10. Mantém-se a sistemática anterior de atualização dos débitos da Fazenda Pública, conforme o art. 1º-F da Lei 9.494/1997, com a redação dada pela Lei 11.960/2009, até que sejam modulados os efeitos das ADIs 4357 e 4425. Precedentes do STF. 11. Majora-se o valor dos honorários advocatícios de sucumbência se a causa é razoavelmente complexa, tramitou por vários anos e exigiu a produção de prova pericial (R$ 7.000,00) 12.

Rejeitaram-se as preliminares de nulidade da sentença. Deu-se parcial provimento ao apelo do réu e ao reexame necessário. Deu-se provimento ao apelo dos autores. (TJDF, 2ª T. Cível, AC/ REEX 20010110802944 DF 0080294-36.2001.8.07.0001, Rel. Des. J.J. Costa Carvalho, j. 12/11/2014).
RESPONSABILIDADE CIVIL. Médico. Consentimento informado. A despreocupação do facultativo em obter do paciente seu consentimento informado pode significar – nos casos mais graves – negligência no exercício profissional. As exigências do princípio do consentimento informado devem ser atendidas com maior zelo na medida em que aumenta o risco, ou o dano. Recurso conhecido. (STJ, 4ª T., REsp 436827 / SP, Rel. Min. Ruy Rosado de Aguiar, j. 01/10/2002).

A primeira grande resposta ético-jurídica às intervenções médicas não autorizadas foi o chamado Código de Nuremberg (1947) e que resultou do julgamento de médicos nazistas perante o Tribunal Internacional de Nuremberg, por conta de suas práticas de "pesquisas científicas" com prisioneiros de guerra, até hoje tidas como exemplos de injustificável barbárie.[28] Os

---

28 Tal diploma representou um marco na história da humanidade, já que pela primeira vez foi estabelecida uma recomendação internacional relativa aos aspectos éticos envolvidos na pesquisa em seres humanos, em resposta às barbáries e experimentos nefastos executados por médicos nazistas liderados por Josef Mengele, nos mais diversos campos de concentração, em especial em Auschwitz. Dos atos que sacrificaram incontáveis vidas humanas, incluem-se: o contágio proposital de sífilis, inoculação, por via venosa, de tifo, gonococos, células cancerígenas e toda sorte de vírus nos concentrados, com o simples objetivo de "curiosidade científica". Além disso, os profissionais ainda esterilizaram pessoas e procederam a experiências genéticas com o intuito de alcançar uma "raça superior"; causaram queimaduras de 1º e 2º graus com compostos fosfóricos; administraram doses de entorpecentes e nocivas, para analisar empiricamente os efeitos produzidos; deixou-se de tratar pessoas com sífilis ou lesões pré-cancerígenas para avaliar a evolução de cada patologia, entre outras atrocidades aberrantes. Nesse sentido, ver DINIZ, Maria Helena. O estado atual do biodireito. 7. ed. São Paulo: Saraiva, 2010, p. 441.
"1. The voluntary consent of the human subject is absolutely essential. This means that the person involved should have legal capacity to give consent; should be so situated as to be able to exercise free power of choice, without

cientistas réus foram julgados por crimes de guerra e crimes contra a humanidade. Ao final do julgamento, foi promulgado o Código de Nuremberg, com um rol de dez princípios, constituindo o primeiro regramento internacional para pesquisas em seres humanos. Sete dos nazistas julgados foram condenados à morte e oito deles a penas de reclusão.

Regulamentos internacionais posteriores, como a Declaração de Helsinque, trouxeram mais orientações para os investigadores médicos. De qualquer maneira, ainda hoje o Código de Nuremberg permanece como o documento que mais autoridade ética carrega no domínio dos standards de pesquisa.[29] O próprio caráter cosmopolita e o momento histórico do julgamento se encarregaram de conferir ao Código um incremento na doutrina do consentimento, fazendo com que os mais diversos Códigos Deontológicos[30] e as legislações nacionais passassem a se preocupar não somente com o conteúdo, mas também com a qua-

---

the intervention of any element of force, fraud, deceit, duress, overreaching, or other ulterior form of constraint or coercion; and should have sufficient knowledge and comprehension of the elements of the subject matter involved as to enable him to make an understanding and enlightened decision. This latter element requires that before the acceptance of an affirmative decision by the experimental subject there should be made known to him the nature, duration, and purpose of the experiment; the method and means by which it is to be conducted; all inconveniences and hazards reasonably to be expected; and the effects upon his health or person which may possibly come from his participation in the experiment". The Nuremberg Code (1947). In: Mitscherlich A, Mielke F. Doctors of infamy: the story of the Nazi medical crimes. New York: Schuman, 1949: xxiii-xxv. Disponível em: http://www.cirp.org/library/ethics/nuremberg/ Acesso em: 14/02/2017.

---

29 Cfr. SCHUMAN, Jacob. "Beyond Nuremberg: A Critique of 'Informed Consent' in Third World Human Subject Research", In: *Journal of Law and Health*, vol. 25, pp. 123-153, 2012, p. 125.

30 Como o Código Internacional de Ética Médica (adotado na 3ª Assembleia Geral da Associação Médica Mundial (Londres, 1949) e emendado na 22ª Assembleia (Sydney, 1968), 35ª Assembleia (Veneza, 1983) e 57ª Assembleia (Pilanesberg, 2006) e a Declaração de Helsinque também elaborada pela Associação Médica Mundial, em 1964, na 18ª Assembleia Geral e emendada em 1975, 1983, 1989, 1996, 2000, 2002, 2004, 2008, 2013.

lidade da informação prestada pelos médicos, e não apenas aquelas relativas a pesquisas, mas especialmente as pertinentes ao tratamento e intervenções cirúrgicas. Em outras palavras, o consentimento meramente formal do paciente não bastava, se desacompanhado do exercício pleno de sua autonomia.

O Código de Ética Médica acolhe expressamente no art. 31 a vedação ao desrespeito do direito do paciente ou seu representante de decidir livremente sobre métodos diagnósticos ou terapêuticos, salvo em caso de risco de vida iminente. O consentimento informado é um elemento de tamanha importância na prática médica que o Conselho Federal de Medicina elaborou uma Recomendação (n. 1/2016) que dispõe sobre o processo de obtenção do consentimento informado e esclarecido nos cuidados médicos.

Só de pode falar genuinamente em autonomia reprodutiva quando existe uma escolha efetiva, fundamentada em informação correta e apropriada. Não raras vezes, as pessoas e casais são adequadamente informados, mas tendem a focalizar mais nas vantagens do que nos perigos das técnicas de reprodução assistida. Em todo o processo, é imprescindível que o médico não condicione os pacientes, ainda que indiretamente, a tomar determinada decisão, pois tal conduta configuraria uma opressão ao interesse de se decidir autonomamente.[31] Somente a escolha esclarecida preenche os requisitos necessários e levam à completude do dever de informação do médico.

Ao paciente, é necessário estar de posse de todos os elementos possíveis a sua compreensão, para que – aí sim – possa exercer a faculdade de consentir com o tratamento ou intervenção proposta, escolher outra das alternativas existentes, ainda que menos indicada pelo profissional que o assiste, ou mesmo recusar-se a se tratar. A este procedimento, que engloba o con-

---

31 Nesse sentido, ver SILVESTRE, Margarida. *Embriões excedentários*: entre a técnica, a lei e a ética. Coimbra: Coimbra Editora, 2015, p. 61.

sentimento informado sem com este se confundir, se atribui o nome de escolha esclarecida.[32]

Diversos autores corroboram este posicionamento, ainda que de forma indireta, visto que tratam de consentimento informado como um fim em si mesmo. Todos acreditam no direito à autodeterminação, exercido por pessoa consciente e capaz, após proporcionados os elementos de informação imprescindíveis ao conhecimento e compreensão do problema ou tratamento de saúde.

Esse processo erigido sincronicamente por médico e paciente materializa a harmoniza entre "a arte de curar" e a autonomia. Esse equilíbrio revela um trabalho clínico baseado em "uma visão relacional do bem",[33] onde a terapia mais conveniente decorre da inter-relação e interlocução entre o profissional e o paciente.

O consentimento informado pode ser definido como o dever de alertar um paciente sobre os riscos, possíveis complicações, resultados esperados e inesperados do tratamento padrão. *Grosso modo*, o médico deve: descrever o tratamento proposto; apresentar alternativas à terapêutica recomendada; alertar sobre os riscos de morte ou lesões corporais graves inerentes ao protocolo sugerido; discorrer sobre possíveis efeitos adversos e questões sobre a recuperação que são previstas; e levar a conhecimento dos pacientes quaisquer informações adicionais que outros médicos divulgariam em circunstâncias semelhantes.[34]

Necessário entender que o processo de consentimento se constitui, concomitantemente, em um direito do paciente e um dever do médico. O paciente deve ser informado, de maneira compreensível à sua capacidade cognitiva, a respeito de seu diagnóstico, riscos, prognósticos e alternativas existentes para

---

32 DANTAS, Eduardo. *Direito médico*, cit., p. 77.
33 ANDORNO, Roberto. "'Liberdade' e 'Dignidade' da Pessoa: Dois Paradigmas Opostos ou Complementares na Bioética?", cit., p. 78.
34 Cfr. GRIFFITH, Ladonna L. "Informed Consent: Patient's Right to Comprehend", *In: Howard Law Journal*, vol. 27, nº 3, pp. 975-994, 1984, pp. 975-976.

seu tratamento. Importante destacar que o simples ato de ler e assinar um papel, um documento, não é suficiente para a desoneração do ônus de informar adequadamente (ainda que a assinatura de um documento seja importante para a comprovação da conduta diligente).[35]

A bioética contemporânea revela consciência de que existe a necessidade de se respeitar os valores individuais das pessoas, enxergando a tomada de decisões médicas como uma função humana, sem orientação de qualquer entidade divina ou sobrenatural. Termina por incorporar diferentes filosofias e incentiva o questionamento dos processos, ao invés de demandar obediência cega a qualquer autoridade ou aceitação de ideias de hierarquia.

Perceber o processo de consentimento como um fim em si mesmo não atende aos princípios espalhados por todo o ordenamento jurídico brasileiro, criando uma falha no cumprimento do dever de informação. É um engano pensar que a obtenção do simples consentimento informado, nos termos como é conhecido e vem sendo praticado, pode representar um excludente de responsabilidade civil, ou mesmo uma isenção de culpabilidade, no caso de ocorrer um resultado não desejado ao longo do tratamento.

Mesmo um resultado satisfatório do ponto de vista clínico, pode mais tarde vir a ser interpretado como falho, se confrontado com outros possíveis desfechos esperados a partir de outros métodos terapêuticos não informados ao paciente. Esta ausência de informação não significa necessariamente uma atitude negligente, mas sim a expressão da convicção do médico, baseado em sua própria experiência ou na literatura especializada, de que o tratamento proposto era o mais adequado ao caso concreto. Ocorre que tal não é suficiente para suprir, de maneira completa, os princípios

---

35 Sobre a matéria, ver DANTAS, Eduardo. *Direito médico*, cit., pp. 71-78.

éticos e jurídicos que o obrigam a apresentar toda a informação disponível ao paciente.

A não-indicação de todas as alternativas possíveis pode ser entendida, em um eventual procedimento disciplinar, ou mesmo jurídico, como indução ao tratamento através de omissão de informações, o que contraria os princípios da autonomia, da boa-fé objetiva e da proteção da confiança. O princípio da confiança também está inserto no rol dos princípios fundamentais da ordem jurídica brasileira sendo, inclusive, reputado como um dos cânones mais relevantes e considerado como elemento da própria noção de justiça, como adverte Claus-Wilhelm Canaris.[36]

Assim, mesmo com a obtenção do válido e regular consentimento informado, se este não é resultante de uma escolha esclarecida, estar-se-á sujeito aos riscos decorrentes da própria imprevisibilidade inerente à atividade médica. Portanto, entre a obrigação de prestar a informação e o dever de obter o consentimento, encontra-se a obrigação de averiguar se as partes efetivamente compreenderam as informações que lhes foram prestadas. Sem o cumprimento desse dever, nada assegura que a escolha foi – verdadeiramente – esclarecida, não obstante o profissional tenha cumprido o seu encargo de informar.[37]

Os aspectos médicos de cada tratamento de fertilidade são complexos e envolvem etapas que são singulares na maioria dos domínios de atendimento ao paciente. Nessa lógica, muitas sociedades vem publicando diretrizes e orientações

---

36 CANARIS, Claus-Wilhelm. *Die Vertrauenshaftung im deutschen Privatrecht.* München: Beck, 1971, p. 3 apud JOBIM, Marcio Felix. *Confiança e contradição*: a proibição do comportamento contraditório no direito privado. Porto Alegre: Livraria do Advogado Editora, 2015, p. 150.

37 OLIVEIRA, Guilherme de. "Estrutura jurídica do acto médico, consentimento informado e responsabilidade médica", *In: Temas de Direito da Medicina/* Guilherme de Oliveira. 2. ed. Coimbra: Coimbra Editora, pp. 59-72, 2005, p. 68.

aperfeiçoadas sobre cada tipo específico de terapia de reprodução assistida e os riscos associados.[38]

Assim, cumpre ressaltar que, para cumprir honestamente com o seu propósito, o consentimento informado e a consequente escolha esclarecida devem se fazer presentes a cada ato ou, pelo menos, a cada conjunto de atos médicos, trazendo as perspectivas das vantagens e riscos para as partes.[39] Em Portugal, o Conselho Nacional de Procriação Medicamente Assistida adotou, no âmbito da reprodução assistida, 28 modelos de consentimento informado que podem ser complementados pelos serviços de saúde com informações adicionais.

Dentre uma das várias informações que devem ser prestadas aos pacientes é a de que a atividade do profissional da Medicina Reprodutiva não é uma obrigação de resultado, mas uma obrigação de meio, onde o médico não garante uma gravidez, mas compromete-se em tratar os pacientes com zelo e ser diligente no processo. Nos termos de consentimento informado relativos a FIV ou ICSI disponibilizados pelo CNPMA afirma-se que nenhuma das "técnicas garante a obtenção de gravidez, sendo a taxa de sucesso muito variável, nomeadamente em função da realidade clínica dos dois membros do casal".[40]

O profissional deve assegurar que utilizará todos os recursos adequados e ao seu alcance na tentativa de uma gravidez bem sucedida que, entretanto, não poderá ser prometida. Como já foi advertido pelo TJSP, a responsabilidade dos médicos não é igual à dos outros profissionais, já que a vida e a saúde não se sustentam em noções exatas:

---

38   Como a Sociedade Americana de Medicina Reprodutiva. Cfr. SWAIN, Margaret E. "The Essentials of Informed Consent", In: Family Advocate, vol. 34, pp. 18-22, 2011, p. 18.

39   Nesse sentido, ver OLIVEIRA, Guilherme de. "Estrutura jurídica do acto médico, consentimento informado e responsabilidade médica", cit., p. 68.

40   Documentos disponíveis em: http://www.cnpma.org.pt

EMBARGOS DO DEVEDOR – Título de Crédito – Cheques – Serviços médicos na área de fertilização *in vitro* e transferência de gametas, zigotos ou pré-embriões e criopreservação – Atividade médica não idêntica à dos outros profissionais – Obrigação é de meio e não de resultado – A vida e saúde humanas são ditadas por conceitos não exatos – Sentença que julga improcedentes os embargos – Apelação desprovida. (TJSP, 23ª C. de Dir. Privado, AC/R 1209415200 SP, Rel. Des. Sulaiman Miguel Neto, j. 24/04/2006).

Em resumo, os termos de consentimento informado devem cobrir questões legais, éticas e psicológicas relacionadas às técnicas de PMA. O processo de escolha esclarecida pressupõe tanto uma compreensão e participação ativa dos pacientes que alguma doutrina denomina-o de "processo de consentimento deliberativo".[41]

5 – As técnicas de RA não podem ser aplicadas com a intenção de selecionar o sexo (presença ou ausência de cromossomo Y) ou qualquer outra característica biológica do futuro filho, exceto quando se trate de evitar doenças do filho que venha a nascer.

A engenharia genética revela a utilização de métodos científicos voltados à transformação da constituição genética de organismos e células, através do manuseamento dos genes. Há, assim, a possibilidade de interferência precoce não apenas no tratamento de modificações patológicas constatadas cientificamente, mas também de elementos do comportamento e da personalidade da pessoa. A tecnologia do DNA recombinante viabiliza a identificação, a separação e a proliferação de genes

---

41   SWAIN, Margaret E. "The Essentials of Informed Consent", cit., p. 19.

de diversos espécimes. Na engenharia genética estão incluídas as ideias de "manipulação genética, reprodução assistida, diagnose genética, terapia gênica e clonagem".[42]

A sexagem, "eugenismo sexista"[43] ou escolha de sexo é proibida pelo Conselho Federal de Medicina. De acordo com a Resolução, não se pode recorrer às técnicas de procriação medicamente assistida com o objetivo de selecionar o sexo ou qualquer outro traço ou característica biológica (como cor dos olhos ou estrutura do cabelo) da futura prole, exceto na hipótese de evitar patologias no filho que venha a nascer. As exceções estão sujeitas à verificação de existência de condições médicas familiares que as justifiquem.

Por exemplo, nas famílias com histórico de doenças ligadas ao cromossomo X, como a distrofia muscular de Becker e a distrofia muscular de Duchenne, a determinação do sexo fornece uma ferramenta poderosa para a identificação de fetos masculinos em risco para as doenças ligadas ao cromossomo X.[44] Ou seja, apenas na hipótese em que a seleção de sexo seja levada a cabo por razões médicas, como evitar doenças ou anomalias vinculadas a um dos cromossomos sexuais, ela estará autorizada pela resolução.

Essa previsão normativa acompanha a maior parte das legislações do mundo sobre a matéria, que veda a sexagem, excetuando-se na hipótese de prevenção de doenças hereditárias conectadas a um determinado sexo. Esse também é o posicionamento da Convenção sobre os Direitos Humanos e Biomedicina (art. 14º). Há cerca de 15 anos, o Parecer CFM

---

42   Cfr. DINIZ, Maria Helena. *O estado atual do biodireito*, pp. 460-462.

43   Como denomina REIS, Rafael Vale e. "Responsabilidade penal na procriação medicamente assistida – A criminalização do recurso à maternidade de substituição e outras opções legais duvidosas", In: *Lex Medicinae – Revista Portuguesa de Direito da Saúde*, Ano 7, nº 13, pp. 69-93, 2010, p. 79.

44   Cfr. KING, Jaime S. "And Genetic Testing for All – The Coming Revolution in Non-Invasive Prenatal Genetic Testing", In: *Rutgers Law Journal*, Vol. 42, nº 3, pp. 599-658, 2011, p. 607.

nº 50/2003 já advertia que "não é permitida a utilização de técnica de separação de espermatozoides com a finalidade de escolha de sexo, a menos que hajam indicações específicas relacionadas e transmissão de doenças genéticas relacionadas ao sexo".

A escolha do sexo quando a opção não se justifique por razões médicas ou a escolha de características diversas do sexo englobam a denominação de *"frivolous choices"*: cor e estrutura dos cabelos, cor dos olhos, QI, tipo e vigor físico, enfim, características que levam à ideia de um refinamento genético da espécie.[45] Com essa linha de pensamento, o Conselho Regional de Medicina de Goiás[46] negou o pedido de sexagem feito por um casal em que a mulher tinha dois filhos e o marido quatro filhos, todos do sexo masculino.

O debate em torno das seleções genéticas torna-se ainda mais intenso diante das notícias de que engenharia genética poderia ser utilizada para selecionar características como a surdez ou o nanismo, traços que a sociedade em geral considera como deficiências.[47] Por mais que entendamos que o pluralismo e a diversidade fazem parte da natureza humana, nos parece que – deliberadamente – optar que um filho nasça com uma deficiência irreversível ultrapassa o direito à autonomia reprodutiva dos pais.

Isso porque essa escolha, de colocar no mundo alguém com deficiencia (e, portanto, com sérias limitações) termina por restringir o direito de escolha do próprio filho. Será

---

45 Como ressalta RAPOSO, Vera Lúcia. "Pode trazer o menu, por favor? Quero escolher o meu embrião – Os múltiplos casos de selecção de embriões em sede de diagnóstico genético pré-implantação", In: *Lex Medicinae – Revista Portuguesa de Direito da Saúde*, Ano 4, nº 8, pp. 59-84, 2007, pp. 67-69.

46 Parecer-consulta nº 10/2012, Conselheiro parecerista Aldair Novato Silva, j. 03/07/2012.

47 Cfr. CROCKIN, Susan L.; DEBELE, Gary A. "Ethical Issues in Assisted Reproduction: A Primer for Family Law Attorneys", In: *Journal of the American Academy of Matrimonial Lawyers*, vol. 27, pp. 289-357, 2015, p. 315.

que alguém, de livre e espontânea escolha, optaria por jamais poder ouvir uma Ópera, uma Sinfonia ou um concerto de Rock? Pode até ser que a criança deteste música e desenvolva melhor os outros sentidos, mas não parece razoável que se suprima um dos sentidos de uma pessoa apenas por capricho pessoal.[48]

Além da sexagem para evitar patologias, recentemente, passou-se a considerar que a técnica de substituição mitocondrial em seres humanos é eticamente admissível,[49] desde que estejam reunidas as condições e princípios relevantes, conforme indica um relatório da Academia Nacional de Ciências, Engenharia e Medicina dos EUA. *A priori*, o método só seria eticamente permitido quando houvesse risco de transmissão de doenças pelo DNA mitocondrial da mãe genética.

As mitocôndrias estão presentes em quase todas as células humanas e variam de algumas dezenas a milhares. Elas geram a maior parte do fornecimento energético das células que energizam cada parte do nosso corpo. Para qualquer célula poder funcionar adequadamente, a mitocôndria precisa ser saudável e mitocôndrias debilitadas podem causar distúrbios graves, conhecidos como doença mitocondrial, causada em regra por defeitos genéticos (mutações) na mitocôndria. Recentemente uma ocorrência de patologia desse gênero chamou a atenção da mídia mundial: o caso do bebê britânico Charlie Gard.[50]

---

48 Sobre o caso de duas mulheres lésbicas, surdas, que deliberadamente buscaram um doador surdo para que o filho tivesse maiores chances de nascer com deficiência auditiva, ver LEVY N. "Deafness, culture, and choice", *In: Journal of Medical Ethics*, vol. 28, pp. 284-285, 2002.

49 No Brasil, Maria Helena Diniz se posiciona contrariamente à transferência de núcleo que, juntamente com a bipartição de embriões ou fissão gemelar e a partenogênese induzida são consideradas pela autora como técnicas de clonagem reprodutiva. Nesse sentido, ver DINIZ, Maria Helena. O estado atual do biodireito, pp. 538-541.

50 Para quem não se lembra do caso, o bebê Charlie Gard sofria de Síndrome de depleção do mtDNA – forma encefalomiopática (*infantile onset ence-*

O DNA no núcleo das células transporta quase todos os nossos genes, moldando nossas características físicas, incluindo a nossa aparência e contribuindo para a nossa personalidade (juntamente com a educação e o ambiente). Herdamos tais genes de ambos os nossos pais genéticos e, enquanto o DNA nuclear fornece cerca de três bilhões de pares de bases de DNA, o DNA mitocondrial (mtDNA) fornece aproximadamente 16000 pares de bases.[51]

As mitocôndrias têm seu próprio DNA independente, que carrega apenas alguns genes, que estão envolvidos – como já referido – na produção de energia, mas que não determinam outras características relevantes. Assim, quaisquer falhas nesses genes materializam apenas problemas na produção de energia, mas essas patologias mitocondriais podem ser graves ou até fatais, podendo ter efeitos devastadores sobre as famílias que as carregam. Ao contrário de genes nucleares, o DNA mitocondrial (mtDNA) é herdado apenas das mães e as que carregam mitocôndrias anormais podem estar correndo risco de transmissão de doenças graves para os seus filhos, mesmo que estejam assintomáticas. Para essas mulheres, foi desenvolvida a técnica de substituição mitocondrial, que oferece um caminho seguro para que possam ter os seus filhos genéticos sem correrem o risco de lhes transmitir alguma patologia severa.[52]

---

phalomyopathy mitochondrial DNA depletion syndrome) que acarreta, entre outros sintomas, hipotonia muscular, subdesenvolvimento psicomotor severo, degeneração neurológica gradativa, surdez, perda de movimentos voluntários, oftalmoplegia externa, convulsões generalizadas e disfunção tubular renal, como referem NOGUEIRA, Célia et al. "Doenças da comunicação intergenómica: abordagem clínica e laboratorial", *In: Arquivos de Medicina*, v. 29, nº 1, p. 11-19, 2015, p. 15.

---

51 Cfr. KAHN, Jaclyn N. "The Legal Minefield of Two Mommies and a Baby: Determining Legal Motherhood through Genetics", *In: Florida Coastal Law Review*, vol. 16, nº 2, pp. 245-277, 2015, p. 274.

52 Cfr. HUMAN FERTILISATION AND EMBRIOLOGY AUTHORITY. "Mitochondrial donation: an introductory briefing". Disponível em: http://www.hfea.gov.uk/docs/2014-10-01_Mitochondrial_donation_an_introductory_briefing_note_-_final.pdf Acesso em: 23/09/2016.

Em 2015, o Reino Unido foi o primeiro lugar do mundo a autorizar o recurso à substituição mitocondrial, através das técnicas de transferência da haste materna (MST) e transferência pronuclear (PNT). A legislação em causa, o *The Human Fertilisation and Embryology (Mitochondrial Donation) Regulations 2015* (o "UK Regulations"), foi aprovada em 04 de março de 2015 e passou a vigorar em 25 de outubro do mesmo ano.[53] Posteriormente à aprovação do diploma do UK, o FDA iniciou as discussões sobre a possibilidade da técnica ser autorizada (ou não) nos EUA.[54] Esse método é referido ainda na doutrina como *"mitochondrial manipulation"*, *"oocyte modification"*, *"3-person IVF"*, *"three-parent babies"* e *"nuclear genome transfer"*.[55]

6 – É proibida a fecundação de oócitos humanos com qualquer outra finalidade que não a procriação humana.

Os híbridos foram originalmente definidos como resultado de cruzamentos entre dois animais de diferentes grupos taxionómicos. Uma quimera é um indivíduo cujo corpo contém diferentes populações de células derivadas de diferentes zigotos.

---

53 Para maiores detalhes sobre a técnica, consultar APPLEBY, John B. "The Ethical Challenges of the Clinical Introduction of Mitochondrial Replacement Techniques", In: *Medicine, Health Care, and Philosophy*, vol. 18, nº 4, pp. 501–514, 2015, p. 503 e ss. LEWIS, Myrisha S. "Biology, Genetics, Nurture, and the Law: The Expansion of the Legal Definition of Family to Include Three or More Parents", In: *Nevada Law Journal*, vol. 16, nº 2, pp. 743-773, 2016, pp. 771-773.

54 Como indicam CARBONE, June; MADEIRA, Jody Lynee. "Buyers in the Baby Market: Toward a Transparent Consumerism", In: *Washington Law Review*, vol. 91, nº 1, pp. 71-108, 2016, p. 95

55 Essa última é a considerada mais tecnicamente correta por STEINER, Elisabeth; ROSU, Andreea Maria. "Medically Assisted Reproductive Technologies (ART) and Human Rights – European Perspective", cit., p. 342.

Embora estes termos tenham servido bem na criação clássica de animais, a tecnologia moderna de embriões tornou sua aplicabilidade problemática. Na verdade, existem casos em que ambos os termos podem ser usados. As mães portadoras de embriões transgênicos ou de transferência nuclear se tornam microquimeras com células fetais híbridas circulantes devido à sua passagem pela placenta. À primeira vista, os receptores de células de outras espécies são quimeras clássicas, mas como a fusão de células estranhas com células hospedeiras tem sido frequentemente relatada, elas também possuem características de híbridos. Além disso, os animais clonados, o produto da transferência nuclear de um indivíduo para um oócito enucleado da mesma espécie, são considerados híbridos, mas isso não é coberto pela definição do termo híbrido supramencionado, como indica alguma doutrina, que sugere a nomenclatura *chimbrid*.[56]

Diante de tal disposição, também pode-se afirmar que é vedada a clonagem reprodutiva, que busca criar seres humanos geneticamente idênticos a outros, prática vedada pelo art. 6º, IV da Lei de Biossegurança. De acordo com a doutrina, fala-se em clonagem de um gene quando a partir de um gene originário se obtém diversas duplicações desse gene. A clonagem celular ocorre quando, por divisões continuadas de uma mesma célula-mãe, se obtém uma colônia de células iguais entre si e idênticas à célula primária. A clonagem de um organismo terá lugar quando, "por diversos métodos, se produzem cópias desse organismo que possuem exactamente o mesmo património genético".[57] Sobre a questão das quimeras, adverte Maria Helena Diniz:

---

56   BADER, Michael. "The Problems with terminology and definitions", In: *CHIMBRIDS – Chimeras and Hybrids in Comparative European and International Research: Scientific, Ethical, Philosophical and Legal Aspects*/ Jochen Taupitz; Marion Weschka (editors). Heidelberg: Springer, pp. 5-6, 2009, p. 5.

57   LE DOUARIN, Nicole. *Quimeras, clones e genes*/Isabel Palmeirim; Alexandra Manaia (trad.). Lisboa: Fundação Calouste Gulbenkian, 2005, p. 469.

Deve-se afastar a introdução de genes animais em seres humanos mesmo que isso solucione um problema de saúde dos receptores, porque tal ato pode ser equiparado à criação de seres híbridos, constituindo uma afronta à dignidade humana, pois a mutação constante do DNA impedirá que se possa garantir o comportamento do gene incorporado.[58]

Assim, só é permitido que se recorra à engenharia genética para modificar a carga hereditária com o intuito de ultrapassar distúrbios genéticos, ou seja, a terapia genética. Todavia, não é permitido produzir alterações com escopo experimental para criar um indivíduo com características inexistentes na espécie humana, como os híbridos ou quimeras, casos em que a manipulação genética é vedada. Nessa lógica, o embrião humano não deve sofrer qualquer interferência no seu patrimônio genético que não se vincule à superação de anomalias ou patologias.[59] Segundo Maria Helena Diniz:

> A manipulação genética envolve riscos e uma séria afronta à dignidade humana (CF, 1rt. 1º, III), que podem levar a humanidade a percorrer um caminho sem retorno, por trazer a possibilidade de: a) obtenção, por meio da clonagem, da partenogênese ou da fissão gemelar de uma pessoa geneticamente idêntica à outra; b) produção de quimeras, pela fusão de embriões, ou, ainda, de seres híbridos, mediante utilização de material genético de espécies diferentes, ou seja, de homens e de outros animais, formando, por exemplo, centauros e minotauros, tornando as ficções da mitologia grega uma realidade, pois já se conseguiu um camundongo com orelhas humanas; c) seleção de caracteres de um indivíduo

---

58 DINIZ, Maria Helena. *O estado atual do biodireito*, cit., p. 484.
59 Em igual sentido, ver DINIZ, Maria Helena. *O estado atual do biodireito*, pp. 462-464.

por nascer, definindo-lhe o sexo, a cor dos olhos, a contextura física, etc.; d) criação de bancos de óvulos, sêmen, embriões ou conglomerados de tecidos vivos destinados a servir como eventuais bancos de órgãos, geneticamente idênticos ao patrimônio celular do doador do esquema cromossômico a clonar; e) produção de substância embrionária humana para fins de experimentação; f) transferência de substância embrionária animal ao útero da mulher e vice-versa para efetuar experiências; g) implantação de embrião manipulado geneticamente no útero de uma mulher, sem qualquer objetivo terapêutico; h) criação de seres transgênicos, ou seja, animais cujo DNA contenha genes humanos, para que possam produzir hormônios ou proteínas humanas a serem utilizadas como remédio para certas moléstias; i) introdução de informação genética animal para tornar a pessoa mais resistente a rigores climáticos; j) produção e armazenamento de armas bacteriológicas, etc.[60]

Esse dispositivo, portanto, complementa-se com o disposto no art. 15, §2º do Código de Ética Médica[61] que estabelece que a reprodução humana assistida não dever ter como objetivos: a criação de seres humanos geneticamente modificados (inc. I); a criação de embriões para pesquisa (inc. II); a eugenia, a sexagem ou a criação de híbridos ou quimeras (inc. III).

---

60 DINIZ, Maria Helena. *O estado atual do biodireito*, pp. 500-501.
61 Que termina por transpor para o Código de Ética Médica determinações trazidas pelo art. 6º da Lei de Biossegurança.

7 – O número máximo de oócitos e embriões a serem transferidos para a receptora não pode ser superior a quatro. Quanto ao número de embriões a serem transferidos, fazem-se as seguintes determinações de acordo com a idade: a) mulheres até 35 anos: até 2 embriões; b) mulheres entre 36 e 39 anos: até 3 embriões; c) mulheres com 40 anos ou mais: até 4 embriões; d) nas situações de doação de óvulos e embriões, considera-se a idade da doadora no momento da coleta dos óvulos.

Essa limitação vincula-se aos riscos médicos associados à gravidez múltipla, onde inclui-se doenças maternas circulatórias e respiratórias que podem ser permanentemente incapacitantes ou fatais. Além disso, há uma série de complicações fetais que podem afetar o desenvolvimento sensorial, motor e cognitivo do bebê.[62]

Importa referir que, em certa época, a gravidez de múltiplos já foi considerada uma verdadeira epidemia no âmbito das técnicas de reprodução assistida. Para tentar evitar ao máximo essa ocorrência, a Resolução do CFM limita o número de óvulos e embriões a serem transferidos para a paciente em um máximo de quatro, a depender da idade. Os riscos da gravidez multifetal aumentam com cada feto adicional. Mas ainda que a Resolução do Conselho Federal de Medicina não possua força de lei, a redução embrionária parece estar vedada dentro do ordenamento brasileiro, uma vez que tal prática constituiria o crime de aborto, nos termos do Art. 124 do Código Penal.

---

62   Cfr. DAAR, Judith. "Federalizing Embryo Transfers: Taming the Wild West of Reproductive Medicine", cit., p. 259.

Nos EUA, estima-se que entre 30 e 35% das gravidezes de mulheres que recorrem às técnicas de PMA resultam em múltiplos filhos, o que acarreta em riscos para as mulheres e para os bebês. Ainda que a redução embrionária ou fetal fosse autorizada, é importante ressaltar que o processo significa não apenas eliminar um ou mais fetos em desenvolvimento, mas também coloca toda a gravidez em risco. Por outro lado, na hipótese de não redução na gravidez multifetal, a paciente e seus filhos enfrentam outros sérios riscos. Gestações múltiplas, incluindo de gêmeos, criam sérios riscos de saúde para mães e de seus filhos.

Mães de múltiplos enfrentam maiores riscos de condições prejudiciais tais como pré-eclâmpsia, parto prematuro e diabetes gestacional. As mães que carregam fetos múltiplos são também hospitalizadas com frequência bem antes da gravidez chegar a termo, têm de suportar repouso prolongado e apresentam taxas mais altas de parto por cesariana. Assim, ainda que a redução embrionária ou fetal fosse autorizada, a melhor Medicina se encaminha no sentido de sempre tentar evitar ao máximo a gravidez de múltiplos.[63]

8 – Em caso de gravidez múltipla, decorrente do uso de técnicas de RA, é proibida a utilização de procedimentos que visem a redução embrionária.

A primeira paciente que se submeteu a uma redução seletiva embrionária, recorreu ao Dr. Mark Evans, em 1984, um obstetra/geneticista que recorreu ao método depois que o médico de uma mulher, de estatura e composição corpórea

---

63 Cfr. GLENNON, Theresa. "Choosing One: Resolving the Epidemic of Multiples in Assisted Reproduction", *In: Villanova Law Review*, Vol. 55, nº 1, pp. 147-204, 2010, p. 147 e p. 158.

pequena, grávida de quádruplos recomendou-lhe que interrompesse a gravidez. A gestante, que já tinha enfrentado inúmeras tentativas de engravidar por via artificial, recusava a se submeter ao aborto.

Ao procederem à seleção, os médicos dos locais onde esse tipo de procedimento é permitido podem optar em manter ou excluir um feto em razão da proximidade da parede abdominal, anormalidades aparentes ou outros achados que afetem a saúde do feto, ou ainda opções pessoais dos pais, como a de terem um filho de determinado sexo.[64]

De acordo com o Código Penal brasileiro, em caso de redução embrionária sem razão aparente, tanto a gestante como o médico poderiam responder pelo crime de aborto, nos termos dos artigos 124 e 126. A únicas hipóteses em que o aborto praticado por um médico não configurará crime, será na hipótese de interrupção voluntária da gravidez resultante de estupro (aborto sentimental ou humanitário); quando haja risco de vida para a gestante (aborto necessário) ou na hipótese de feto anencéfalo (aborto terapêutico), nos termos do art. 128, I e II do CP e da ADPF 54, julgada pelo STF (que deu origem à Resolução nº 1.989/2012 do Conselho Federal de Medicina, que dispõe sobre o diagnóstico de anencefalia para a antecipação terapêutica do parto).

Para a autorização do denominado aborto terapêutico ou antecipação terapêutica do parto, alguma jurisprudência vai no sentido de que não basta que se trate de uma gravidez de risco, sendo necessário que se constate efetivo risco de vida para a gestante, caso a gestação não seja interrompida. Assim, alguns tribunais vem impedindo o que chamam de "aborto eugênico", a não ser que a interrupção voluntária da gravidez (IVG) seja a única forma de salvar a mãe:

---

64 Nesse sentido, ver SCOTT, Mary A. "Hard Choices: Where to Draw the Line on Limiting Selection in the Selective Reduction of Multifetal Pregnancies", In: *Minnesota Law Review*, vol. 100, nº 3, pp. 1211-1256, 2016, p. 1212.

APELAÇÃO CÍVEL. CPC/73. AUTORIZAÇÃO JUDICIAL PARA INTERRUPÇÃO DE GRAVIDEZ. FETO PORTADOR DE SÍNDROME DE EDWARDS. AUSÊNCIA DE DEMONSTRAÇÃO DE RISCO IMINENTE À GESTANTE. GESTAÇÃO EM ESTÁGIO AVANÇADO. IMPROCEDÊNCIA. SENTENÇA MANTIDA. – A interrupção da gravidez é tipificada no Código Penal, que estabelece, todavia, duas exceções, o aborto terapêutico ou necessário, quando há sério e grave perigo para a vida da gestante e o aborto humanitário, quando a gravidez resulta de estupro. – O aborto terapêutico somente tem cabimento quando necessário para salvar a vida da gestante, não sendo suficiente, para tanto, a existência de gravidez de risco. – Afastada a hipótese de aborto necessário, ilegítimo o seu consentimento com base na tese do aborto eugenésico, porquanto o direito à vida é garantido constitucionalmente, não havendo permissivo legal para a interrupção da gestação, em caso de má formação de nascituro. – De acordo com a orientação médica, o aborto provocado só é recomendável até 18 semanas de gestação, o que não ocorre no presente caso. (TJMG, 9ª C. Cível, AC 10459160003966001 MG, Rel. Des. Luiz Artur Hilário, j. 17/05/2016).

FETO PORTADOR DA SÍNDROME DE EDWARDS. LAUDO MÉDICO APONTANDO POSSIBILIDADE DE VIDA FORA DO VENTRE MATERNO. GESTAÇÃO COM 33 SEMANAS. ABORTO EUGÊNICO. INADMISSIBILIDADE. 1. Os apelantes buscam a reforma da decisão que indeferiu pedido de autorização judicial para proceder a interrupção da gravidez, alegando que a saúde da gestante está em risco, em razão de o feto apresentar a anomalia genética chamada Síndrome de Edwards ou trissomia do cromossomo 18, a qual lhe causa múltiplas malformações que o levarão a morte antes ou logo após o parto. 2. Quando comprovado que o feto não terá chances de conhecer a vida fora do útero materno, a interrupção da gestação merece ser judicialmente autorizada, tal como decidido nos autos da ADPF nº 54, pelo Pleno do STF. 3. Contudo, na presente hipótese, não se trata de feto anencéfalo, cuja vida extra-uterina, de forma unânime, na literatura médica, é dada como inviável, mas de possuidor de Síndrome de Edwards. Segundo o laudo médico juntado pelos autores, há possibilidade de vida fora do ventre, ainda que por "2 a 3 meses em média". 4. Também, o referido laudo não especifica quais os riscos concretos que a gestante apresenta para legitimar a prática da interrupção da gravidez, a qual poderia ser feita independente de autorização judicial, através do chamado aborto terapêutico (art. 128, I, do CP). 5. O mero abalo psicológico dos pais, que, evidentemente, é muito grande nesses casos, não autoriza, no nosso ordenamento jurídico, a prática do aborto. Inexiste permissão legal para o aborto eugênico. 6. Ainda, a gestação já conta com 33 semanas, ou seja, por volta de 8 meses. Nesse caso, sendo a técnica médica utilizada a simulação de parto normal, é possível que a criança nasça viva, tornando incabível a autorização pleiteada. 7. APELAÇÃO IMPROVIDA. (TJRS, 1ª C. Criminal, Apelação Crime 70055089049, Rel. Des. Julio Cesar Finger, j. 26/06/2013).

A outro giro, uma outra parcela da jurisprudência, seja pela interpretação extensiva da ADPF 54, seja pela ponderação de valores, vem autorizando a IVG ou antecipação do parto em outras situações médicas que não a anencefalia, como: agenesia renal bilateral,[65] síndrome da banda amniótica,[66] gemeralidade imperfeita de gêmeos toracópagos[67] e de gêmeos dicéfalos[68]

---

65 Ausência de ambos os rins. TJSP, 12ª Câmara de Direito Criminal, MS 22187885920148260000 SP 2218788-59.2014.8.26.0000, Rel. Des. Vico Mañas, j. 28/01/2015.

66 Nesse caso específico, o feto apresentava "defeito de fechamento da parede abdominal extenso, com exteriorização de todo conteúdo abdominal e ascite importante, defeito de fechamento de coluna (na altura do sacro) e estreitamento importante do tórax". (TJSP , 10ª Câmara de Direito Criminal, MS 00004107320148260000 SP 0000410-73.2014.8.26.0000, Rel. Des. Carlos Bueno, j. 17/03/2014).

67 TJRJ, 1ª Câmara Criminal, HC 00133324420148190000 RJ 0013332-44.2014.8.19.0000, Rel.ª Des.ª Maria Sandra Kayat Direito, j. 25/03/2014. Importa referir que "aproximadamente 70% dos gemelares conjugados são do sexo feminino; 35% dos gêmeos sobrevivem, mas morrem, geralmente, em 24 horas ou são natimortos devido às inúmeras anormalidades anatômicas". CRISTOVAM, Marco Antônio da Silva et al. "Gemelares Teratópagos Dicéfalos: Relato de Caso", In: Revista do Médico Residente, vol. 12, nº 3 e 4, pp. 143-146, 2010, p. 143.

68 TJRJ, 4ª Câmara Criminal, HC 00355908220138190000, Rel.ª Des.ª Fátima Maria Clemente j. 20/08/2013.

toracoabdominopófagos, acrania fetal[69] com exencefalia,[70] displasia tanatofórica, Síndrome de Patau e inclusive a própria Síndrome de Edwards:

> *HABEAS CORPUS.* GEMELARIDADE IMPERFEITA, ALTAMENTE RARA E GRAVE. IMPETRANTE QUE SE INSURGE CONTRA A SENTENÇA NA QUAL A MM JUÍZA JULGOU EXTINTO, SEM RESOLUÇÃO DE MÉRITO, O PROCESSO EM QUE SE PRETENDIA A OBTENÇÃO DE ALVARÁ JUDICIAL, COM O FIM DE AUTORIZAR A INTERRUPÇÃO DE GRAVIDEZ. ORDEM CONCEDIDA. 1. Impõe-se ressaltar que o *habeas corpus* se afigura como a via adequada para análise das questões expedidas pela impetrante, cuja finalidade se resume na obtenção de autorização judicial para induzir antecipadamente o parto dos gêmeos siameses da paciente, portadores de gemelaridade imperfeita, do tipo dicefalia, apresentando duplicação da coluna vertebral, quatro membros e coração único, que os impedirá, irremediavelmente, de ter vida extrauterina. Como a interrupção da gravidez fora das hipóteses previstas no artigo 128, I e II, do Código Penal, configura, em princípio, o delito de aborto, eventual condenação da paciente poderá sujeitá-la à pena de detenção de 01 a 03 anos, o que evidencia possível ameaça ao direito de locomoção. 2. Segundo consta dos autos, no dia 16 de abril de 2015, a paciente formulou pedido de alvará judicial, distribuído ao Juízo da 4ª Vara Criminal da Comarca da Capital, com vistas a obter autorização para interromper a própria gravidez, em decorrência da grave enfermidade dos fetos siameses, que os levará à morte após o parto, além de trazer riscos à gestante, como polidramnia, hipertensão e esterilidade. Com o advento da sentença, a MM Juíza julgou extinto o processo sem resolução de mérito, com base no artigo 267, VI, do Código de Processo Civil, ao funda-

---

69   TJMG, 9ª Câmara Cível, AC 106860923552430011 MG 1.0686.09.235524-3/001(1), Rel. Des. Pedro Bernardes j. 09/06/2009.

70   TJSP, 13ª Câmara de Direito Criminal, MS 5336166020108260000 SP 0533616-60.2010.8.26.0000, Rel. Des. Cardoso Perpétuo, j. 27/01/2011.

mento de que os pacientes não teriam demonstrado os riscos a que se sujeitaria a gestante com o prosseguimento da gravidez, tampouco a concreta impossibilidade de os fetos terem vida extrauterina. No entanto, a MM Juíza julgou com base em critérios genéricos, ao mencionar os dados de uma estatística que não se aplica, especificamente, ao caso em tela, além de não ter se cingido aos documentos que instruem a inicial e tampouco determinado a realização de perícia médica para dirimir eventuais dúvidas sobre o real estado de saúde dos fetos e suas possibilidades de sobrevida após o parto. 3. Diante dos documentos que instruem a inicial, entre os quais se destacam exames e laudo médico da Fiocruz, aliados ao laudo pericial atestado pela médica designada pelo Tribunal de Justiça do Estado do Rio de Janeiro, conclui-se, com base em opinião estritamente científica, que os gêmeos siameses são portadores de uma anomalia insuperável, que não os permitirá sobreviver após o parto, independentemente de qualquer intervenção médica. Da análise probatória decorre, outrossim, os graves riscos que envolvem a gestação, como polidramnia, hipertensão, complicações relacionadas ao procedimento de parto e a possibilidade de a paciente se tornar estéril para o resto de sua vida. Na hipótese dos autos, os fetos em questão foram classificados como toracoabdominopófagos, espécime das mais raras e graves da gemelaridade imperfeita, cuja sobrevivência após o parto, repita-se, não se revela possível, segundo a opinião médica. 4. Há que se destacar a grande similitude entre a hipótese dos autos e os casos de interrupção de gravidez decorrentes de anencefalia, cujas consequências são absolutamente idênticas, ou seja, a morte do feto após o parto. Afigura-se, pois, um equívoco ignorar o julgamento da Arguição de Descumprimento de Preceito Fundamental nº 54, quando o Plenário do Supremo Tribunal Federal declarou, por maioria, a inconstitucionalidade de interpretação que considere a interrupção da gravidez de feto anencéfalo como uma conduta tipificada nos artigos 124, 126 e 128, I e II, do Código Penal. 5. Os direitos da mulher violentada sexualmente se sobressaem em relação ao direito à vida do feto saudável, e ninguém nunca questionou a constitucionalidade do artigo 128, II, do Código Penal. Ora, se a tutela outorgada ao feto absolutamente saudável sofre supressão em prol dos direitos da mulher, maior razão para afastar a proteção dada ao natimorto quando os seus direitos estiverem em conflito com os da gestante. Precedentes. A matéria não passou despercebida no Congresso Nacional e passou a fazer parte do Anteprojeto do

Código Penal, o Projeto de Lei do Senado nº 236/2012, em cujo texto se inclui o artigo 128, III, que exclui a ilicitude do crime de aborto, quando comprovada a anencefalia ou na hipótese de o feto padecer de graves e incuráveis anomalias que inviabilizem a vida extrauterina. 6. A gestação dos fetos natimortos gera, indubitavelmente, maiores riscos à paciente do que uma hipotética gravidez comum, inclusive com a possibilidade de deixá-la estéril. O aspecto psíquico, por sua vez, não se revela menos doloroso à paciente, pois carregar no ventre um filho gerado com amor, a quem se colocavam as melhores expectativas, mas com plena ciência de que nascerá deformado e sem a menor chance de sobreviver, configura um quadro devastador, equivalente a uma tortura suportada dia após dia pela mulher. 7. Ainda que se considerem os fetos dicéfalos como destinatários do direito à vida, a despeito da ausência de potencialidade para se tornarem um indivíduo-pessoa, não cabe ao Estado impor o prosseguimento de uma gestação que se apresenta como uma verdadeira tortura, cujo resultado final será irremediavelmente a morte dos gêmeos siameses, sobretudo porque os direitos fundamentais da mulher, referentes à dignidade da pessoa humana, à liberdade, à autonomia da vontade, à privacidade e à saúde se mostram preeminentes à vida exclusivamente intrauterina dos natimortos. 8. Além de não haver nenhuma contradição com a ordem constitucional, a conduta pretendida pela paciente tampouco se afigura típica, ante a ausência de potencialidade de vida para que os fetos se tornem pessoa humana. ORDEM CONCEDIDA, a fim de assegurar à paciente o direito de tomar a decisão sobre a antecipação terapêutica do parto, desde que haja viabilidade médica para o procedimento, cuja execução não configurará os delitos de aborto previstos nos artigos 124 e 126 do Código Penal. Expeça-se alvará de autorização, instruído com cópia autenticada do presente acórdão. (TJRJ, 8ª C. Criminal, HC 00232859520158190000 RJ 0023285-95.2015.8.19.0000, Rel. Des. Claudio Tavares de Oliveira Junior, j. 27/05/2017).[71]

ALVARÁ JUDICIAL – ANTECIPAÇÃO TERAPÊUTICA DO PARTO – FETO COM ANOMALIA CONGÊNITA INCOMPATÍVEL COM A VIDA – DISPLASIA TANATOFÓRICA – EXAMES

---

71 Em sentido análogo a decisão: TJRJ, 8ª Câmara Criminal, HC 00232859520158190000 RJ 0023285-95.2015.8.19.0000, Rel. Des. Claudio Tavares de Oliveira Junior, j. 27/05/2015.

MÉDICOS COMPROBATÓRIOS – PONDERAÇÃO DE VALORES – CONCESSÃO – VOTO VENCIDO PARCIALMENTE. A constatação segura do desenvolvimento de gravidez de feto com anomalia congênita incompatível com a vida põe em confronto muitos valores consagrados por nossa Constituição Federal, sendo a vida o bem mais precioso, seguido da liberdade, autonomia da vontade e dignidade humana. Tendo poucas probabilidades de sobrevivência ao nascimento, atestado pelo médico que assiste a requerente, bem assim, corroborado com parecer do perito médico judicial, assiste a requerente o direito de exercer a liberdade e autonomia de vontade, realizando o aborto e abreviando os sérios problemas clínicos e emocionais que a estão acometendo, ao pai e a todos os familiares. Diante da certeza médica de que o feto será natimorto, protegendo-se a liberdade, a autonomia de vontade e a dignidade da gestante, deve a ela ser permitida a interrupção da gravidez. (TJMG, 11ª Câmara Cível, AC 100270815742230011 MG 1.0027.08.157422-3/001(1), Rel. Des. Fernando Caldeira Brant, j. 25/06/2008).

PEDIDO DE AUTORIZAÇÃO JUDICIAL PARA INTERRUPÇÃO DA GRAVIDEZ. FETO QUE APRESENTA SÍNDROME DE PATAU. DOCUMENTOS MÉDICOS COMPROBATÓRIOS. DIFÍCIL POSSIBILIDADE DE VIDA EXTRA-UTERINA. NESSE CASO, OLIGOFRENIA ACENTUADA E FREQUENTES CONVULSÕES. EXCLUSÃO DA ILICITUDE. APLICAÇÃO DO ART. 128, I, DO CP, POR ANALOGIA *IN BONAM PARTEM*. Considerando-se que, por ocasião da promulgação do vigente Código Penal, em 1940, não existiam os recursos técnicos que hoje permitem a detecção de malformações e outra anomalias fetais, inclusive com a certeza de morte ou de deficiência física ou mental do nascituro, e que, portanto, a lei não poderia incluir o aborto eugênico entre as causas de exclusão da ilicitude do aborto, impõe-se uma atualização do pensamento em torno da matéria, uma vez que o Direito não se esgota na lei, nem está estagnado no tempo, indiferente aos avanços tecnológicos e à evolução social. Ademais, a jurisprudência atual tem feito uma interpretação extensiva do art. 128, I, daquele diploma, admitindo a exclusão da ilicitude do aborto, não só quando é feito para salvar a vida da gestante, mas quando é necessário para preservar-lhe a saúde, inclusive psíquica. Diante da moléstia apontada no feto, que provavelmente lhe causará a morte e, em caso de sobrevivência, provocará oligofrenia acentuada e frequentes convulsões, e da circunstância de que o casal de requerentes já possui um filho com retardo mental e dificuldade motora, pode-se vislumbrar na continuação da gestação sério risco para a saúde mental da primeira apelante, o que inclui a situação na hipótese de aborto terapêutico previsto naquele dispositivo. Apelo provido, por maioria. (TJRS, 1ª C. Criminal, Apelação Crime 70006088090, Rel. Des. Manuel José Martinez Lucas, j. 02/04/2003)

APELAÇÃO CÍVEL – ANTECIPAÇÃO TERAPÊUTICA DO PARTO – INDICAÇÃO MÉDICA – FETO COM SÍNDROME DE PATAU – REQUERIMENTO DOS PAIS – DIREITO DA MULHER – APLICAÇÃO ANALÓGICA, NOS TERMOS DO ART. 4º DA LEI DE INTRODUÇÃO AO CÓDIGO CIVIL E DO ART. 128, I E II, DO CÓDIGO PENAL – RECURSO PROVIDO. Se há nos autos documentos que comprovam que se o feto sobreviver ao parto, sobreviverá por poucas horas ou poucos dias (fl. 68), a sua incolumidade não pode ser preservada a qualquer custo, em detrimento dos direitos básicos da mulher, que devem ser preservados em razão da exclusão da ilicitude, por aplicação do art. 128, I e II, do CP, por analogia *in bonam partem*. (TJMT, 6ª C. Cível, AC 103570/2013, Rel.ª Des.ª Juracy Persiani, j. 11/09/2013).

Habeas Corpus Preventivo. Pedido de interrupção de gravidez. O feto padece de Trissomia do Cromossomo 18 ou Síndrome de Edwards. Relatório de Acompanhamento Genético aponta para inviabilidade de sobrevida ao feto, classificando o caso como emergência obstétrica grave diante do risco à vida da gestante. Presente a hipótese legal de aborto terapêutico ou profilático. Ordem concedida, referendada a liminar. (TJSP, 1ª C. de Dir. Criminal, HC 459242020128260000 SP 0045924-20.2012.8.26.0000, Rel. Des. Péricles Piza, j. 23/04/2012).

Mandado de Segurança. Interrupção de gravidez de 22ª semanas indeferida pela origem. Feto portador de trissomia do cromossomo 18 (Síndrome de Edwards). Aborto eugênico – Liminar concedida. Medida convalidada. Ordem concedida. (TJSP, 16ª C. de Direito Criminal, Fato Atípico 20299867720148260000 SP 2029986-77.2014.8.26.0000, Rel. Des. Pedro Menin, j. 08/04/2014).

É preciso lembrar que com a entrada em vigor do Código de Processo Civil de 2015, os precedentes jurisprudenciais alcançaram um aumento em seu prestígio e autoridade. Essa transformação operada pelo CPC/2015 – que pode ser vista como verdadeiramente revolucionária – exigirá um grande esforço dos aplicadores do Direito para "compreender e aclarar as diferenças entre os conceitos de jurisprudência, súmula, súmula vinculante e precedente, o que não foi feito pelo CPC"[72].

O art. 926 do Diploma Processual Civil é terminante ao estabelecer que os tribunais devem equalizar sua jurisprudência mantendo-a "estável, íntegra e coerente". Esse artigo revela uma manifesta preocupação do legislador com a segurança jurídica, buscando assegurar aos atores processuais e aos jurisdicionados um mínimo de previsibilidade, tutelando as expectativas legítimas de um resultado similar para situações fáticas e jurídicas análogas.

---

72 PUOLI, José Carlos Baptista. "Precedentes", *In: O novo CPC: breves anotações para a advocacia*. Brasília: OAB, Conselho Federal, 2016, pp. 88-89.

II

PACIENTES DAS TÉCNICAS DE RA

1 – Todas as pessoas capazes, que tenham solicitado o procedimento e cuja indicação não se afaste dos limites desta resolução, podem ser receptoras das técnicas de RA desde que os participantes estejam de inteiro acordo e devidamente esclarecidos, conforme legislação vigente.

A Resolução 1.358/92 do Conselho Federal de Medicina fazia menção de que poderia ser usuária da técnica de RA "toda mulher capaz nos termos da lei". Destarte, é de se concluir que, de acordo com o disposto naquela Resolução revogada, as técnicas de PMA já eram perfeitamente aplicáveis às mulheres solteiras homossexuais que quisessem gerar um filho.

Com o surgimento da Resolução 1.957/2010, o que era implícito, tornou-se expresso, já que as técnicas estavam abertas a toda e qualquer pessoa capaz, independentemente do seu estado civil. A Resolução 2.013/2013 veio extirpar e sanar qualquer dúvida sobre o assunto, ao estabelecer – expressamente – que as técnicas de RA estavam abertas aos pares do mesmo sexo, fazendo explícita menção ao reconhecimento das uniões homoafetivas pelo STF (indicação repetida pela Resolução de 2015).[1]

---

1   Cfr. CHAVES, Marianna. *Homoafetividade e direito*: proteção constitucional, uniões, casamento e parentalidade. 3. ed. Curitiba: Juruá, 2015, pp. 317-318.

A título de curiosidade, o *Human Fertilisation and Embryology Act* – legislação que regula a matéria no Reino Unido – ainda na discussão enquanto projeto de lei, em 1990, vedou qualquer tipo de discriminação no acesso às técnicas de procriação medicamente assistida. Assim, toda pessoa, independentemente da sua idade, orientação sexual ou estado civil podia desde aquela época recorrer às técnicas de reprodução humana assistida.[2] O Brasil parece ter seguido o mesmo caminho e consagrou na Resolução do CFM um genuíno pluralismo procriativo.

2 – É permitido o uso das técnicas de RA para relacionamentos homoafetivos e pessoas solteiras, respeitado o direito a objeção de consciência por parte do médico.

Como já foi mencionado, o acesso às técnicas de PMA no Brasil é bastante amplo, estando o recurso à medicina reprodutiva aberto a casais heterossexuais, pessoas solteiras, além de casais homossexuais femininos e masculinos, com recurso à gravidez compartilhada e à gestação de substituição.

Esse cenário de pluralidade reprodutiva não poderia ser diferente, já que a Constituição Federal protege a família, em qualquer das suas formas, tendo todas igual dignidade e consideração, além do Supremo Tribunal Federal ter reconhecido as uniões homoafetivas como entidades familiares e as famílias monoparentais já serem entidades familiares expressamente constitucionalizadas desde a CF/88.

Há quem se oponha à monoparentalidade *ab initio* ou por escolha, levantando – entre outras coisas – uma correlação entre a monoparentalidade e problemas na criação das crianças.

---

2   Nesse sentido, ver JACKSON, Emily. *Medical law*: text, cases and materials. 2. ed. Oxford: Oxford University Press, 2010, p. 772.

Ocorre que a grande mobilidade e a pobreza atreladas à monoparentalidade vinculam-se muito mais às separações, divórcios e às gravidezes não planejadas.

As pessoas solteiras que buscam as técnicas de reprodução assistida em clínicas autorizadas são um grupo completamente diferente. A decisão de tornarem-se mãe ou pai, usualmente, é fruto de muita ponderação e planejamento emocional e financeiro. Em regra, essas pessoas possuem um plano parental sólido, que lhes permitirá criar o filho sem maiores dificuldades econômicas e com o auxílio de uma rede de apoio edificada ao longo da construção do projeto parental.

Estudos[3] indicam que crianças criadas por mães solteiras que foram concebidas com auxílio de um doador anônimo possuem uma qualidade de vida e desenvolvimento igual ou até melhor do que aquelas que concebidas e criadas por casais. É preciso alertar que mulheres solteiras e pares de lésbicas que desejam ter filhos são, em regra, mulheres férteis. Na hipótese de óbice ao acesso às técnicas de PMA, uma celibatária pode recorrer ao sexo casual e desprotegido e os casais de lésbicas a uma auto inseminação (com uma seringa, um injetor de molhos, um conta gotas grande ou brinquedos sexuais como o Semenette, que simula uma ejaculação). Esse método é usualmente denominado por "inseminação caseira".[4]

O recurso ao sexo desprotegido com um desconhecido é, sem margem para dúvidas, uma opção menos segura e também pode significar que o futuro bebê não tenha qualquer informação sobre o seu progenitor. Nessa lógica, como já adverte alguma doutrina,[5] parece ser mais sensato encorajar que as mulheres sem parceiros recorram às clínicas e serviços de saú-

---

3   Por todos, ver CAHILL, Courtney Megan. "Reproduction Reconceived", *In: Minnesota Law Review*, vol. 101, nº 2, pp. 617-698, 2016, p. 663.

4   KELLY, Fiona. "An Alternative Conception: The Legality of Home Insemination under Canada's Assisted Human Reproduction Act", *In: Canadian Journal of Family Law*, vol. 26, nº 1, pp. 149-170, 2010.

5   JACKSON, Emily. *Medical law*: text, cases and materials, cit., p. 772.

de, de maneira a garantir a segurança no que concerne ao contágio por DSTs, assim como a informação sobre a ascendência genética da criança (que poderá ser acedida em caso necessidade, mormente para fins de saúde).

Não é demais afirmar que o Brasil consagra um pluralismo procriativo, amparado na ideia de autonomia, igualdade e justiça na reprodução.[6] Portanto, no território brasileiro terminou por se reconhecer o direito fundamental à procriação, onde se inclui o direito fundamental de acesso aos métodos de reprodução assistida por todas as pessoas e casais, sem diferenciações de qualquer natureza, incluindo em razão do gênero ou da orientação sexual.

Relativamente aos Estados Unidos, há indicações – com base nos dados do último Censo – de que 19% dos casais formados por pessoas do mesmo sexo estão criando crianças. A maioria desses infantes (59%) são geneticamente ligados a um dos seus pais. Não obstante inexistam estatísticas relativamente a quantas dessas crianças nasceram através da gestação de substituição, afirma-se que houve um aumento significativo das pessoas LGBTI que tornaram-se pais através desse método na última década. É fenómeno que denominaram por *"gayby boom".*[7]

Sobre a objeção de consciência, há quem diga que rejeitar só um grupo de pessoas – tais como mulheres solteiras e homossexuais – revela um incontestável preconceito, já que o médico não se opõe à realização da atividade médica, mas à realização da atividade naquelas pessoas específicas. Nessa lógica, afirma-se que não poderia haver recusa de tratamento por parte

---

[6] O movimento da justiça reprodutiva (criado pensando nas pessoas do sexo feminino, mas podendo hoje ser aplicado a todas as pessoas) visa criar um mundo onde os indivíduos tem o poder e os recursos econômico, social e político para tomar decisões saudáveis sobre seus corpos, sexualidade e reprodução. Cfr. MUTCHERSON, Kimberly M. "Transformative Reproduction", In: *Journal of Gender, Race & Justice*, Vol. 16, nº 1, pp. 187-234, 2013, p. 228.

[7] SCHWARTZ, Elizabeth F. "LGBT Issues in Surrogacy: Present and Future Challenges", In: *Handbook of Gestational Surrogacy – International Clinical Practice and Policy Issues*/E. Scott Sills (editor). Cambridge: Cambridge University Press, pp. 55-61, 2016, p. 55.

do profissional, sendo tal conduta incompatível sob a ótica dos direitos humanos e do princípio constitucional da igualdade.[8]

Essa ideia parece se harmonizar, inclusive, com o Código de Ética Médica que assevera que a Medicina como profissão a serviço da saúde do ser humano e da coletividade deverá ser exercida sem discriminação de qualquer natureza.[9] Todavia, essa imposição de isonomia e não discriminação em relação aos pacientes termina por se confrontar com o direito à liberdade e autonomia do profissional de saúde. Nesse sentido, o Código de Ética Médica[10] autoriza que o médico se negue a prestar serviços se tal ato vilipendiar seus ditames morais e de consciência, exceto em situações de urgência ou emergência em que não haja outro profissional disponível ou quando a recusa possa causar danos à saúde do paciente.

Assim, pode-se dizer que, nesse conflito de direitos fundamentais, o direito do paciente deverá preponderar sempre que esteja em causa uma situação de crise, cuja inatividade represente risco à saúde da pessoa que busca o tratamento.

O Provimento nº 52/2016 do CNJ, que dispõe sobre o registro de nascimento e emissão da respectiva certidão dos filhos havidos por reprodução assistida, pôs um fim à celeuma e ao calvário que enfrentavam os filhos da reprodução assistida nas famílias homoafetivas:

> Rio de Janeiro – Apelação cível. Direito civil e processual civil. Jurisdição voluntária. Pedido de declaração de dupla maternidade. Parceiras do mesmo sexo que objetivam a declaração de serem genitoras de filho concebido por meio de reprodução assistida heteróloga, com utilização de gameta de doador anônimo. Ausência de disposição legal expressa que não é

---

8   Nesse sentido, ver JACKSON, Emily. *Medical law*: text, cases and materials, cit., p. 771.

9   Capítulo I, inciso I, que se vincula ao art. 23 que veda ao médico discriminar o paciente "de qualquer forma, sob qualquer pretexto".

10 Cfr. *Código de Ética Médica*, Capítulo I, inciso VII e Capítulo II, inciso IX.

obstáculo ao direito das autoras. Direito que decorre de interpretação sistemática de dispositivos e princípios que informam a constituição da república nos seus artigos 1º, inciso III, 3º, inciso IV, 5º, caput, e 226, §7º, bem como decisões do STF e STJ. Evolução do conceito de família. Superior interesse da criança que impõe o registro para conferir-lhe o *status* de filho do casal. 1. o elemento social e afetivo da parentalidade sobressai-se em casos como o dos autos, em que o nascimento do menor decorreu de um projeto parental amplo, que teve início com uma motivação emocional do casal postulante e foi concretizado por meio de técnicas de reprodução assistida heteróloga. 2. Nesse contexto, à luz do interesse superior da menor, princípio consagrado no artigo 100, inciso IV, da Lei nº. 8.069/90, impõe-se o registro de nascimento para conferir-lhe o reconhecimento jurídico do *status* que já desfruta de filho das apelantes, podendo ostentar o nome da família que a concebeu. 2. Sentença a que se reforma. 3. Recurso a que se dá provimento. (TJRJ, AC 0017795-52.2012.8.19.0209, 20ª C. Cív., Rel. Des. Luciano Barreto, j. 07/08/2013).

São Paulo – Registro Civil. Averbação de dupla maternidade de filha de mãe biológica que mantém união estável com a outra autora e que planejaram juntas a gravidez por inseminação artificial de doador anônimo. Considerações sobre decisões do STJ e do STF que recomendam não mais criar óbice quanto ao reconhecimento das uniões estáveis homoafetivas, nem ao reconhecimento por autorização judicial sem natureza contenciosa de dupla maternidade no registro de nascimento. Desnecessidade de ação judicial em alguma Vara da Família. Recurso do Ministério Público improvido. (TJSP, AC 0022096-83.2012.8.26.0100, 4ª C. Dir. Priv., Rel. Maia da Cunha, j. 27/03/2014).

O documento, dispõe sobre o registro de nascimento e a emissão da respectiva certidão dos filhos havidos por PMA, que será lavrado independentemente de prévia autorização judicial, bastando o comparecimento de ambos os pais (seja o casal heteroafetivo ou homoafetivo), munidos da documentação exigida pelo provimento (DNV; declaração, com firma reconhecida, do diretor técnico do serviço de saúde indicando a técnica adotada, o nome do doador ou doadora – disposição, na nossa ótica, incompatível com a imposição do anonimato dos doadores – com seus dados clínicos e caracteres fenotípicos, bem como o nome dos beneficiários; certidão de casamento, sentença de conversão ou reconhecimento de união estável ou escritura pública de união estável; e uma série de consentimentos (todos por instrumentos públicos).

Para além de regulamentar a dupla maternidade (que já vinha sendo deferida pela jurisprudência, mas impunha às partes a obrigação de terem de recorrer ao Judiciário), importa referir que o ordenamento brasileiro vem reconhecendo a multiparentalidade *ab initio*, nos casos em que o doador genético também participe do projeto parental e deseja exercer a função paterna, como se pode observar no seguinte julgado:

> Rio Grande do Sul – Apelação cível. Declaratória de multiparentalidade. Registro civil. Dupla maternidade e paternidade. Impossibilidade jurídica do pedido. Inocorrência. Julgamento desde logo do mérito. Aplicação artigo 515, § 3º do CPC. A ausência de lei para regência de novos. E cada vez mais ocorrentes – fatos sociais decorrentes das instituições familiares, não é indicador necessário de impossibilidade jurídica do pedido. É que "quando a lei for omissa, o juiz decidirá o caso de acordo com a analogia, os costumes e os princípios gerais de direito (artigo 4º da Lei de Introdução ao Código Civil). Caso em que se desconstitui a sentença que indeferiu a petição inicial por impossibilidade jurídica do pedido e desde logo se enfrenta o mérito, fulcro no artigo 515, § 3º do CPC. Dito isso, a aplicação dos princípios da "legalidade", "tipicidade" e "especialidade", que norteiam os "Registros Públicos", com legislação originária pré-constitucional, deve ser relativizada, naquilo que não se compatibiliza com os princípios constitucionais vigentes, notadamente a promoção do bem de todos, sem preconceitos de sexo ou qualquer outra forma de discriminação (artigo 3, IV da CF/88), bem como a proibição de designações discriminatórias relativas à filiação (artigo 227, § 6º, CF), "objetivos e princípios fundamentais" decorrentes do princípio fundamental da dignidade da pessoa humana. Da mesma forma, há que se julgar a pretensão da parte, a partir da interpretação sistemática conjunta com demais princípios infra-constitucionais, tal como

a doutrina da proteção integral o do princípio do melhor interesse do menor, informadores do Estatuto da Criança e do Adolescente (Lei 8.069/90), bem como, e especialmente, em atenção do fenômeno da afetividade, como formador de relações familiares e objeto de proteção Estatal, não sendo o caráter biológico o critério exclusivo na formação de vínculo familiar. Caso em que no plano fático, é flagrante o ânimo de paternidade e maternidade, em conjunto, entre o casal formado pelas mães e do pai, em relação à menor, sendo de rigor o reconhecimento judicial da "multiparentalidade", com a publicidade decorrente do registro público de nascimento. Deram provimento. (TJRS, AC 70062692876, 8ª C. Cív., Rel. Des. José Pedro de Oliveira Eckert, j. 12/02/2015).

É indubitável que esse Provimento do CNJ chegou em boa hora, mas não sem suscitar algumas dúvidas, mormente no tocante ao anonimato dos doadores de gametas. O art. 2º, II, indica ser indispensável para efeitos de registro e emissão de certidão de nascimento da criança uma declaração do diretor da clínica, serviço ou centro de saúde com o nome do doador ou doadora, como já mencionado anteriormente.

Todavia, a Resolução nº 2.121 do Conselho Federal de Medicina expressamente indica que os doadores de gametas não devem conhecer a identidade dos receptores e vice-versa. Logo, como pode o Conselho Nacional de Justiça exigir dos pais algo que é simplesmente impossível de obter? Tal exigência ao médico responsável configura infração ao art. 17 do Código de Ética Médica.

Ao se deparar com a questão, recentemente a Corregedoria Geral do Estado de São Paulo enfrentou a matéria depois de análise do Parecer 186/2016-E no Processo nº 2016/82203 – São Paulo:

> Registro Civil das Pessoas Naturais – Adaptação das NSCGJ ao Provimento nº 52 do CNJ, que trata do registro dos nascimentos decorrentes de reprodução assistida – Ampliação da presunção de paternidade para as hipóteses de união estável, em atenção ao disposto no Provimento n. 52 – Preservação do sigilo da identidade dos doadores de gametas e de embriões, em virtude do que dispõe na Resolução nº 2.121/2015 do Conselho federal de Medicina – Dispensabilidade da lavratura de instrumento

público para os consentimentos a serem prestados pelos envolvidos na reprodução assistida – Alteração dos itens 40 e 41 do Capítulo XVII das Normas de Serviço e inserção da Subseção I, sob o título "Do Nascimento Decorrente de Reprodução Assistida", à Seção III do Capítulo XVII das Normas de Serviço da Corregedoria Geral da Justiça. (...)

Analisados os textos normativos do CNJ e do Conselho Federal de Medicina pergunta-se: como preservar o anonimato dos doadores de gametas, se os futuros pais da criança são obrigados a apresentar no Registro Civil termo de consentimento do doador ou doadora (artigo 2º, § 1º, I, do Provimento nº 52 do CNJ) e de eventual cônjuge ou companheiro desses últimos (artigo 2º, § 1º, II, do Provimento nº 52 do CNJ)?

É evidente que ao se exigir a apresentação de documento que comprove o consentimento do doador de espermatozóides ou da doadora de óvulos para o registro da criança, o anonimato que o Conselho Federal de Medicina tentou preservar será violado. E não há dúvida de que a preservação do anonimato dos doadores estabelecida administrativamente pelo órgão médico é medida que se baseia em estudos, que preserva a família socioafetiva e que impede a criação de laços desnecessários entre mãe ou pai meramente biológicos – que desde a doação dos gametas sabiam dessa sua condição – e a criança – que será registrada em nome daqueles que recorreram à reprodução assistida.

Com base no que foi exposto, optamos por retirar do regramento administrativo local a necessidade de apresentação de termos de consentimento do doador de gametas ou embriões (artigo 2º, § 1º, I, do Provimento nº 52 do CNJ) e de seu eventual cônjuge ou companheiro (artigo 2º, § 1º, II, do Provimento nº 52 do CNJ) para o registro da criança, preservando-se o anonimato dos doadores.[11] (grifo nosso)

O Corregedor Geral de Justiça do Estado de São Paulo terminou por acatar as sugestões indicadas no parecer dos juízes as-

---

11 Diploma disponível em: https://www.extrajudicial.tjsp.jus.br/pexPtl/visualizarDetalhesPublicacao.do?cdTipopublicacao=5&nuSeqpublicacao=5749 Acesso em: 12/09/2016.

sessores da Corregedoria, editando o Provimento CGJ nº 52/2016, que passou a vigorar em Setembro de 2016, naquele Estado.[12]

3 – É permitida a gestação compartilhada em união homoafetiva feminina em que não exista infertilidade.

Já há algum tempo, vinham surgindo táticas entre casais lésbicas para legitimar o papel parental da segunda mãe, procurando tornar esse papel visível, em sentido literal e figurado. Agora esses casais podem selecionar um doador buscando uma semelhança física entre a criança e a mãe não genética, mitigando a (suposta) posição privilegiada da mãe genética como a mãe "real", em razão da similitude de aparência.[13]

Uma das estratégias mais arrojadas surgiu com a técnica ROPA (*Reception of Oocytes from Partner*), que permite que ambas as mulheres de um casal do mesmo sexo compartilhem, inclusive no aspecto físico, a experiência da maternidade. Óvulos colhidos em uma parceira são fertilizados e implantados para gestação na outra. Se ambas forem férteis, podem trocar embriões, com cada uma delas carregando os ovócitos fertilizados da outra.[14] Esse método procura promover uma participação mais

---

12 Importa ainda referir que esse mesmo provimento alargou a presunção de paternidade à união estável: "Art. 2º. O item 41 do Capítulo XVII das Normas de Serviço da Corregedoria Geral da Justiça passa a ter a seguinte redação: 41. Para o registro de filho havido na constância do casamento ou da união estável, basta o comparecimento de um dos genitores. 41.1. A prova do casamento ou da união estável será feita por meio de certidão de casamento, certidão de conversão de união estável em casamento, escritura pública de união estável ou sentença em que foi reconhecida a união estável do casal".

13 Nesse sentido, ver LECKEY, Robert. "Law Reform, Lesbian Parenting, and the Reflective Claim", *In: Social & Legal Studies*, vol. 20, nº 3, pp. 331-348, 2011, p. 336.

14 Cfr. DIFONZO, J. Herbie; STERN, Ruth C. "The Children of Baby M", *In: Capital University Law Review*, vol. 39, nº 2, pp. 345-412, 2011, p. 352.

profunda de ambas as mulheres no processo reprodutivo e de crescimento da família.[15]

Antes mesmo da edição do Provimento nº 52 do Conselho Nacional de Justiça, os tribunais já vinham reconhecendo a possibilidade do estabelecimento da dupla maternidade nesse tipo de arranjo parental:

> Piauí – Homoparentalidade. Família homoafetiva formada por duas mulheres. Recurso à reprodução assistida. Uma mulher cede o óvulo, enquanto a outra gesta a criança. Dupla maternidade. Possibilidade de registro civil das duas como mãe do mesmo filho. (TJPI, Pedido de Providências nº 0001313-38.2013.8.18.0139, Rel. Des. Francisco Antônio Paes Landim Filho, j. 19.12.2013).
>
> São Paulo – Santo Amaro – Ação de reconhecimento da filiação homoparental. Os filhos concebidos por inseminação artificial, sendo que os óvulos de uma das mães foram fertilizados in vitro e implantado no útero da outra. A sentença julgou procedente o pedido determinando o registro dos filhos no nome de ambas as mães. (Proc. 0203349-12.2009.8.26.0002, Juiz de Direito Fabio Eduardo Basso, j. 30/12/2010).

Todavia, importa referir que não se deve supor que as mães que optam por tal modalidade de procriação medicamente assistida possuem maior aptidão para a maternidade. Naqueles cenários em que uma mulher será mãe genética e gestacional, e a segunda mãe não terá qualquer vínculo biológico como o filho, a maternidade será planejada e exercitada por ambas, que serão mães intencionais desde o momento em que pensaram no plano parental.

Em matéria de parentalidade, intenção e cuidado parecem se sobrepor a qualquer dado genético. Isso posto, pode-se incluir também entre as estratégias de participação parental e vinculação com o filho, a indução à lactação da mãe que não tiver levado a gravidez a cabo, de maneira que ambas tenham a vivência da

---

15 LECKEY, Robert. "The Practices of Lesbian Mothers and Quebec's Reforms", In: Canadian Journal of Women and the Law, vol. 23, nº 2, pp. 579-599, 2011, p. 593.

amamentação, experimentando a ligação com o filho inerente ao ato e partilhando as responsabilidades e o cansaço derivados da amamentação constante de um recém nascido.

III

REFERENTE ÀS CLÍNICAS, CENTROS OU SERVIÇOS QUE APLICAM TÉCNICAS DE RA

As clínicas, centros ou serviços que aplicam técnicas de RA são responsáveis pelo controle de doenças infectocontagiosas, pela coleta, pelo manuseio, pela conservação, pela distribuição, pela transferência e pelo descarte de material biológico humano para o(a) paciente de técnicas de RA. Devem apresentar como requisitos mínimos:

No domínio da reprodução humana assistida, uma enormidade de erros vêm sendo cometidos como resultado de negligências simples ao redor do mundo. Casos envolvendo trocas laboratoriais podem ser particularmente dramáticos, muitas vezes produzindo disputas judiciais relativamente à atribuição da parentalidade, em um duelo de biologia *versus* genética.

Por exemplo, em uma clínica de fertilidade de NY, o laboratório trocou os embriões de dois casais (um branco e um negro) no dia da transferência. A técnica foi bem sucedida apenas no casal branco, cuja mulher teve gêmeos – um branco e um negro. Depois de dois anos de uma batalha em tribunal, o bebê negro teve a filiação estabelecida em relação aos seus pais genéticos, mas o trauma e o dano causado às partes foi irreparável.[1]

---

1 Cfr. DAAR, Judith. "Federalizing Embryo Transfers: Taming the Wild West of Reproductive Medicine", cit., p. 264.

Sobre a ausência de controle na transmissão de doenças infecto-contagiosas, o Superior Tribunal de Justiça já se manifestou:

> RECURSO ESPECIAL – AÇÃO DE INDENIZAÇÃO POR DANOS, DE CUNHO MATERIAL E MORAL, DECORRENTES DA CONTAMINAÇÃO DO AUTOR PELO VÍRUS HIV, POR OCASIÃO DE SEU NASCIMENTO, EM QUE FORA SUBMETIDO AO PROCEDIMENTO DE TRANSFUSÃO DE SANGUE, SEM A OBSERVÂNCIA DE DEVER DE CUIDADO – MANUTENÇÃO DA SENTENÇA DE PROCEDÊNCIA PELO TRIBUNAL DE ORIGEM, COM ACRÉSCIMO DE FUNDAMENTAÇÃO (RECONHECIMENTO DA RESPONSABILIDADE OBJETIVA DO HOSPITAL) – CULPA CONTRATUAL DEVIDAMENTE RECONHECIDA – NÃO COMPROVAÇÃO DO CUMPRIMENTO DAS OBRIGAÇÕES INERENTES AO AJUSTE (DEVER DE CUIDADO, DE AGIR DE MODO DILIGENTE, DE INCOLUMIDADE E SEGURANÇA DO PACIENTE) – RECURSO ESPECIAL PARCIALMENTE PROVIDO. INSURGÊNCIA DO HOSPITAL DEMANDADO. 1. Em absoluta adstrição à causa de pedir veiculada na exordial, o magistrado de piso, ao final, reconheceu a responsabilidade do hospital demandado pelos danos noticiados na inicial, deixando assente que a contaminação do autor decorreu da transfusão de sangue operada pelo hospital demando, que incorreu em falha em seu banco de sangue, cujas unidades, caso testadas, não observaram a denominada 'janela imunológica', própria do vírus HIV, em conformidade com a literatura médica. Deixou-se consignado, ainda, que o hospital requerido não se desincumbiu do ônus de demonstrar qualquer intercorrência que pudesse evidenciar o rompimento do nexo de causalidade reconhecido. (...) o hospital demandado não se desonerou do ônus de demonstrar que procedeu com total diligência e cuidado na escolha das unidades de sangue utilizadas na transfusão, seja porque não foram adequadamente testadas, seja porque não se observou a denominada janela imunológica. 1.3 Nesse contexto, não se antevê a ocorrência de julgamento *extra causa petendi*, tampouco violação aos princípios do contraditório e da ampla defesa, a considerar que o hospital requerido tinha absoluta ciência acerca do encargo probatório que lhe fora imposto, consistente na comprovação de que procedeu com a mais absoluta prudência, dentro dos parâme-

tros da técnica, quando da transfusão de sangue realizada no demandante. 2. Em se tratando de ilícito contratual, a responsabilidade exsurge, naturalmente, do não cumprimento de dever/obrigação anterior e voluntariamente pactuado entre as partes. Assim, incorre em culpa aquele contratante que se desvia, afasta-se daquilo que restou estabelecido contratualmente. E, justamente porque as obrigações dos contratantes encontram-se previamente estipuladas, cabe ao acusado de infringir os termos pactuados de demonstrar que observou, detidamente, os deveres contratuais. 2.1 Na espécie, a responsabilidade civil imputada ao hospital pela má prestação de seus serviços, que redundou nos danos suportados pelo demandante (contaminação pelo vírus HIV), provém, inegavelmente, da relação contratual estabelecida prévia e voluntariamente entre as partes. Deste modo, incumbe ao causador do dano demonstrar que observou detidamente os deveres impostos no ajuste, em especial o de incolumidade e de cuidado. 2.2 Ínsito *ao contrato médico-hospitalar, que tem por escopo a conservação ou recuperação da saúde do paciente; ou a cura ou minoração dos efeitos de uma doença, são os deveres ‹de cuidado›, ‹de agir de modo diligente›, ‹de incolumidade› e ‹de segurança› do paciente.* Com necessária observância de tais obrigações contratuais, incumbe ao hospital envidar todos os esforços à preservação do paciente – dentro do parâmetro da técnica médica -, propiciando-lhe um tratamento adequado, apto a viabilizar a recuperação da saúde do enfermo. (...) (STJ, 4ª T., REsp 655761 / SP, Rel. Min. Raul Araújo, Rel. p/ acórdão, Min. Marco Buzzi, j. 23/09/2014).

Como adverte o art. 14 do Código de Defesa do Consumidor, a responsabilidade civil do fornecedor de serviços é objetiva, ou seja, ele responderá pelos danos causados pela má prestação dos serviços, independentemente da existência de culpa.

Se uma pessoa ou um casal procuram uma clínica ou serviço de saúde especializado em reprodução humana assistida, parece dispensável a afirmação de que esperam que o seu (potencial e futuro) filho seja saudável e os próprios beneficiários tenham os seus direitos à saúde e à incolumidade física respeitados. Nessa lógica, é absolutamente inaceitável que o direito à saúde do bebê ou dos pacientes seja colocado em risco por ausência ou falha no monitoramento de patologias infectocontagiosas (como DSTs) ou ainda na recolha, manipulação, depósito, divisão, transporte ou no descarte do material biológico em causa.

1 – Um diretor técnico – obrigatoriamente, um médico registrado no Conselho Regional de Medicina de sua jurisdição – com registro de especialista em áreas de interface com a RA, que será responsável por todos os procedimentos médicos e laboratoriais executados;

Esse artigo se vincula ao art. 2º do Código de Ética Médica, que impede que o médico delegue a outros profissionais atos ou atribuições exclusivos da profissão médica. Além disso, o art. 3º do mesmo diploma obsta que o médico deixe de assumir responsabilidade relativamente a procedimento que indicou ou participou, ainda que vários médicos tenham assistido o paciente.

A conjugação deste ponto com os dois artigos citados do Código de Ética Médica evidenciam a carga de responsabilidade que recai sobre o diretor técnico da clínica ou centro de reprodução humana assistida. Importa referir que, no Brasil, levando-se em consideração o disposto no Código de Defesa do Consumidor, a responsabilidade civil das clínicas e serviços de reprodução humana assistida será objetiva. Assim, responderão, independentemente de culpa, pelos danos causados aos pacientes por defeitos relativos à prestação do serviço, nos termos do art. 14 do CDC, como referido no ponto anterior.

Esse dispositivo da Resolução 2.121 indica que o diretor técnico do centro ou serviço de reprodução humana assistida será objetivamente responsável pelos demais membros do corpo clínico e técnico do serviço de saúde, que atuarão como seus prepostos.

Nessa lógica, o centro de saúde – por meio de seu diretor técnico responsável – será responsabilizado por eventuais erros cometidos pelos outros profissionais, não se podendo afastar essa responsabilidade, como se depreende de precedentes do Superior Tribunal de Justiça:

> AGRAVO REGIMENTAL NO AGRAVO (ART. 544 DO CPC/73) – AÇÃO CONDENATÓRIA – RESPONSABILIDADE CIVIL – ERRO MÉDICO – HOSPITAL – RESPONSABILIDADE SOLIDÁRIA – DECISÃO MONOCRÁTICA QUE NEGOU PROVIMENTO AO RECURSO. IRRESIGNAÇÃO DA CASA DE SAÚDE. 1. Nos termos do art. 14 do CDC, quando houver uma cadeia de fornecimento para a realização de determinado serviço, ainda que o dano decorra da atuação de um profissional liberal, verificada culpa deste, nasce a responsabilidade solidária daqueles que participam da cadeia de fornecimento do serviço, como é o caso dos autos. Precedentes. 2. Agravo regimental desprovido. (STJ, 4ª T., AgRg no AREsp 209711 / MG , Rel. Min. Marco Buzzi, j. 12/04/2016).
>
> AGRAVO REGIMENTAL NO AGRAVO EM RECURSO ESPECIAL. CONSUMIDOR. RESPONSABILIDADE CIVIL. AÇÃO DE INDENIZAÇÃO POR DANOS MATERIAIS E MORAIS. ERRO MÉDICO. CIRURGIA OFTALMOLÓGICA. LEGITIMIDADE PASSIVA DO HOSPITAL. RELAÇÃO DE CONSUMO. RESPONSABILIDADE PELO SERVIÇO PRESTADO. ART. 14 DO CDC. RECURSO NÃO PROVIDO. 1. A jurisprudência desta eg. Corte delimitou adequadamente a natureza da responsabilidade dos serviços de saúde prestados por sociedades empresárias e por pessoas físicas levando em consideração, notadamente, as peculiaridades de cada contrato. 2. "(...) aos atos técnicos praticados de forma defeituosa pelos profissionais da saúde vinculados de alguma forma ao hospital, respondem solidariamente a instituição hospitalar e o profissional responsável, apurada a sua culpa profissional. Nesse caso, o hospital é responsabilizado indiretamente por ato de terceiro, cuja culpa deve ser comprovada pela vítima de modo a fazer emergir o dever de indenizar da instituição, de natureza absoluta (arts. 932 e 933 do CC), sendo cabível ao juiz, demonstrada a hipossuficiência do paciente, determinar a inversão do ônus da prova (art. 6º, VIII, do CDC)" (REsp 1.145.728/MG, Relator o Ministro JOÃO OTÁVIO DE NORONHA, DJe de 28.6.2011). 3. *A teor do art. 14, caput, do CDC, tem-se que o hospital responde objetivamente pelos danos causados ao paciente-consumidor em casos de defeito na prestação do serviço.*

4. Agravo regimental não provido. (STJ, 4ª T., AgRg no AREsp 768239/ MT, Rel. Min. Raul Araújo, j. 16/02/2016).

Note-se que, todavia, a responsabilidade objetiva da clínica poderá ser afastada se, por exemplo, os exames médicos e laboratoriais não forem executados pela própria clínica:

> DIREITO CIVIL. RESPONSABILIDADE DO HOSPITAL POR ERRO MÉDICO E POR DEFEITO NO SERVIÇO. SÚMULA 7 DO STJ. VIOLAÇÃO DOS ARTS. 334 E 335 DO CPC. NÃO OCORRÊNCIA. DISSÍDIO JURISPRUDENCIAL NÃO DEMONSTRADO. REDIMENSIONAMENTO DO VALOR FIXADO PARA PENSÃO. SÚMULA 7 DO STJ. INDENIZAÇÃO POR DANOS MORAIS. TERMO INICIAL DE INCIDÊNCIA DA CORREÇÃO MONETÁRIA. DATA DA DECISÃO QUE FIXOU O VALOR DA INDENIZAÇÃO. 1. A responsabilidade das sociedades empresárias hospitalares por dano causado ao paciente-consumidor pode ser assim sintetizada: *(i) as obrigações assumidas diretamente pelo complexo hospitalar limitam-se ao fornecimento de recursos materiais e humanos auxiliares adequados à prestação dos serviços médicos e à supervisão do paciente, hipótese em que a responsabilidade objetiva da instituição (por ato próprio) exsurge somente em decorrência de defeito no serviço prestado (art. 14, caput, do CDC); (ii) os atos técnicos praticados pelos médicos sem vínculo de emprego ou subordinação com o hospital são imputados ao profissional pessoalmente, eximindo-se a entidade hospitalar de qualquer responsabilidade (art. 14, § 4, do CDC), se não concorreu para a ocorrência do dano; (iii) quanto aos atos técnicos praticados de forma defeituosa pelos profissionais da saúde vinculados de alguma forma ao hospital, respondem solidariamente a instituição hospitalar e o profissional responsável, apurada a sua culpa profissional.* Nesse caso, o hospital é responsabilizado indiretamente por ato de terceiro, cuja culpa deve ser comprovada pela vítima de modo a fazer emergir o dever de indenizar da instituição, de natureza absoluta (arts. 932 e 933 do CC), sendo cabível ao juiz, demonstrada a hipossuficiência do paciente, determinar a inversão do ônus da prova (art. 6º, VIII, do CDC). (...) (STJ, 4ª T., REsp 1145728/MG, Rel. Min. João Otávio de Noronha, Rel. p/ acórdão Min. Luís Felipe Salomão, j. 28/06/2011).

Nesse caso, é imperioso ressaltar que caberá à clínica ou serviço de reprodução humana assistida afastar a sua responsabilidade (com fundamento no art. 14, §3º, II, do Código de Defesa do Consumidor), suscitando a responsabilidade exclusiva de terceiros que eventualmente tenham levado a cabo os procedimentos ou exames laboratoriais executados.

Importa referir que, se a responsabilidade da clínica ou serviço de saúde é objetiva, a do médico responsável pelo procedimento de reprodução humana assistida – seja ou não o diretor técnico do respectivo centro – será subjetiva, ou seja, uma eventual responsabilização pessoal do médico (e solidária da clínica) só terá lugar quando evidenciado que o mesmo agiu com culpa. Assim dispõe o art. 14, §4º do Código de Defesa do Consumidor e vem se posicionando a jurisprudência:

> RESPONSABILIDADE CIVIL E PROCESSUAL CIVIL. RECURSO ESPECIAL. TEMPESTIVIDADE. DEMONSTRAÇÃO NOS AUTOS. FIBROPLASIA RETROENTICULAR, QUE OCASIONOU PERDA DA VISÃO AO PACIENTE. RESPONSABILIDADE CIVIL DO HOSPITAL E DO MÉDICO POR ALEGADO ERRO CULPÁVEL. NECESSIDADE DE DEMONSTRAÇÃO DA CULPA DO PROFISSIONAL DA MEDICINA E DO NEXO DE CAUSALIDADE ENTRE O DANO E O ATO COMISSIVO OU OMISSIVO. REEXAME DE PROVAS, EM SEDE DE RECURSO ESPECIAL. INVIABILIDADE. (...) 2. *A obrigação do médico, em regra, é de meio, isto é, o profissional da saúde assume a obrigação de prestar os seus serviços atuando em conformidade com o estágio de desenvolvimento de sua ciência, com diligência, prudência e técnicas necessárias, utilizando os recursos de que dispõe* – elementos que devem ser analisados, para aferição da culpa, à luz do momento da ação ou omissão tida por danosa, e não do presente-, *de modo a proporcionar ao paciente todos os cuidados e aconselhamentos essenciais à obtenção do resultado almejado.* 3. Portanto, como se trata de obrigação de meio, o resultado final insatisfatório alcançado não configura, por si só, o inadimplemento contratual, pois a finalidade do contrato é a atividade profissional médica, prestada com prudência, técnica e diligência necessárias, devendo, para que exsurja obrigação de indenizar, ser demonstrada a ocorrência de ato, comissivo ou omissivo, caracterizado por erro culpável do médico, assim como do nexo de causalidade

entre o dano experimentado pelo paciente e o ato tido por causador do dano. 4. "O reconhecimento da responsabilidade solidária do hospital não transforma a obrigação de meio do médico, em obrigação de resultado, pois a responsabilidade do hospital somente se configura quando comprovada a culpa do médico, conforme a teoria de responsabilidade subjetiva dos profissionais liberais abrigada pelo Código de Defesa do Consumidor". (REsp 1.216.424/MT, Rel. Ministra Nancy Andrighi, Terceira Turma, julgado em 09/08/2011, DJe 19/08/2011). (...) (STJ, 4ª T., REsp 992821 / SC, Rel. Min. Luís Felipe Salomão, j. 14/08/2012).

RECURSO ESPECIAL: 1) RESPONSABILIDADE CIVIL – HOSPITAL – DANOS MATERIAIS E MORAIS – ERRO DE DIAGNÓSTICO DE SEU PLANTONISTA – OMISSÃO DE DILIGÊNCIA DO ATENDENTE – APLICABILIDADE DO CÓDIGO DE DEFESA DO CONSUMIDOR; 2) HOSPITAL – RESPONSABILIDADE – CULPA DE PLANTONISTA ATENDENTE, INTEGRANTE DO CORPO CLÍNICO – RESPONSABILIDADE OBJETIVA DO HOSPITAL ANTE A CULPA DE SEU PROFISSIONAL; 3) MÉDICO – ERRO DE DIAGNÓSTICO EM PLANTÃO – CULPA SUBJETIVA – INVERSÃO DO ÔNUS DA PROVA APLICÁVEL – 4) ACÓRDÃO QUE RECONHECE CULPA DIANTE DA ANÁLISE DA PROVA – IMPOSSIBILIDADE DE REAPRECIAÇÃO POR ESTE TRIBUNAL – SÚMULA 7/STJ. 1.- Serviços de atendimento médico-hospitalar em hospital de emergência são sujeitos ao Código de Defesa do Consumidor. 2.- *A responsabilidade do hospital é objetiva quanto à atividade de seu profissional plantonista (CDC, art. 14), de modo que dispensada demonstração da culpa do hospital relativamente a atos lesivos decorrentes de culpa de médico integrante de seu corpo clínico no atendimento. 3.- A responsabilidade de médico atendente em hospital é subjetiva, necessitando de demonstração pelo lesado, mas aplicável a regra de inversão do ônus da prova (CDC. art. 6º, VIII).* 4.- A verificação da culpa de médico demanda necessariamente o revolvimento do conjunto fático-probatório da causa, de modo que não pode ser objeto de análise por este Tribunal (Súmula 7/STJ). 5.- Recurso Especial do hospital improvido. (STJ, 3ª T., REsp: 696284 RJ 2004/0144963-1, Rel. Min. Sidnei Beneti, j. 03/12/2009).

O Enunciado nº 191, da III Jornada de Direito Civil do CJF prescreve que a instituição hospitalar privada responde, nos termos do art. 932, III, do CC, pelos "atos culposos praticados por médicos integrantes do seu corpo clínico".

A figura do responsável se torna relevante na eventualidade de ações de *wrongful life* (intentada pelos pais) ou de *wrongful birth* (intentada pela criança, representada por seus pais) contra os médicos e/ou clínicas e/ou laboratórios, pelo não cumprimento ou cumprimento defeituoso da obrigação de informação dos riscos de anomalia (fetal ou embrionária). Presume-se que, tendo existido um conhecimento prévio dos problemas genéticos, teria existido uma interrupção voluntária da gravidez (em situações permitidas ou em lugares onde a IVG é permitida em qualquer hipótese) ou não teria existido a transferência embrionária, evitando, assim, o nascimento indesejado de um bebê com deficiências. É importante ressaltar que, nesse caso, o dano indenizável surge da falha na obrigação de informar adequadamente os pais, o que leva ao nascimento de uma criança com deficiência.[2]

2 – Um registro permanente (obtido por meio de informações observadas ou relatadas por fonte competente) das gestações, dos nascimentos e das malformações de fetos ou recém-nascidos, provenientes das diferentes técnicas de RA aplicadas na unidade em apreço, bem como dos procedimentos laboratoriais na manipulação de gametas e embriões;

Os relatórios do Sistema Nacional de Produção de Embriões – SisEmbrio apenas disponibilizam os números de embriões humanos produzidos pelas diversas técnicas de reprodução as-

---

2   Nesse sentido, ver MANSO, Luís Duarte Baptista. "Da obrigação de informar em diagnóstico pré-natal e diagnóstico genético pré-implantação", cit., pp. 130-131.

sistida e que foram congelados ou doados para pesquisas com células-tronco.

A mesma publicação indica a quantidade de serviços de reprodução humana em cada Estado da federação, com as respectivos números de ciclos realizados, de oócitos produzidos, de embriões transferidos e de embriões descartados. O documento traz ainda as taxas médias de óvulos por mulher, de fertilização e de clivagem embrionária.

Seria interessante se em tal publicação também estivessem presentes os números das gestações, dos nascimentos e das malformações relacionadas a cada técnica de procriação medicamente assistida.

3 – Um registro permanente das provas diagnósticas a que é submetido o(a) paciente, com a finalidade precípua de evitar a transmissão de doenças;

Se, dentro do tratamento de reprodução humana assistida, houve a indicação – para determinada paciente ou determinado casal – de que seria necessário recorrer a qualquer tipo de teste para obstar a transmissão de patologias, por óbvio que deve existir um registro relativamente a essa prova diagnóstica.

4 – Os registros deverão estar disponíveis para fiscalização dos Conselhos Regionais de Medicina.

De acordo com o art. 87 do Código de Ética Médica, é vedado ao médico deixar de elaborar prontuário legível para cada paciente. Estando em causa uma clínica de reprodução humana assistida, é mais do que óbvio que os prontuários médicos deverão indicar as informações das gestações, gametas, nascimentos, malformações, assim como os processos de manipulação de gametas e embriões de cada paciente, a cada ciclo ou avaliação.

Assim, os prontuários contendo os dados clínicos relevantes para a boa condução e conhecimento de cada caso, devem ser preenchidos a cada avaliação, em ordem cronológica, com data, hora, assinatura e número do CRM do profissional. Tais documentos devem ficar em posse do médico ou da clínica, conforme prescrevem os §§ 1º e 2º do art. 87 do Código de Ética Médica.

Tal disposição vincula-se diretamente ao direito à informação que possuem todos os pacientes que se submetem a tratamentos de infertilidade e recorrem às técnicas de procriação medicamente assistida. Como já foi referido anteriormente, a responsabilidade civil das clínicas e centros é objetiva, ou seja, independe da verificação de culpa. A insuficiência ou inadequação das informações, incluindo-se nos prontuários e registros, poderá ser o suficiente para caracterizar o serviço prestado pela clínica como defeituoso, nos termos do art. 14 do Código de Defesa do Consumidor.

O Enunciado nº 66 das II Jornadas de Direito da Saúde do CNJ esclarece que a recusa infundada em fornecer fotocópia do prontuário ao paciente ou representante por parte do médico, clínica ou hospitais públicos ou privados poderá materializar perda de confiança passível de condenação por dano.

A inserção de tais dados nos prontuários médicos de cada casal ou pessoa também é imprescindível. Como bem esclarece o Enunciado nº 49 das II Jornadas de Direito da Saúde, promovidas pelo Conselho Nacional de Justiça, "para que a prova pericial seja mais fidedigna com a situação do paciente, recomenda-se a requisição do prontuário médico".

A ausência da indicação das provas diagnósticas realizadas durante o tratamento ou a omissão de outros dados relevantes poderá ser suficiente para demonstrar que o serviço de saúde falhou com o seu dever de informação para com aqueles pacientes, dando azo à responsabilização, independentemente da perquirição de culpa. Além disso, o Superior Tribunal de Justiça já decidiu no sentido de que a apresentação em juízo de prontuário adulterado caracteriza litigância de má-fé.[3]

---

3   STJ, 3ª T., REsp 1392435 / PR , Rel. Min. Paulo de Tarso Sanseverino, j. 19/05/2015.

IV

DOAÇÃO DE GAMETAS OU EMBRIÕES

1 – A doação não poderá ter caráter lucrativo ou comercial.

Os gametas são células sexuais, haploides, que se revelam sob dois tipos: o espermatozoide nos machos e os óvulos ou ovócitos nas fêmeas. A junção dos gametas, por meio da fecundação, dá origem ao ovo ou zigoto, que é uma célula diploide.[1]

Não obstante haja dúvidas sobre o caráter vinculante das resoluções do CFM, essa proibição de comercialização de gâmetas vem sendo observada pela jurisprudência pátria:

> AGRAVO DE INSTRUMENTO – AÇÃO CIVIL PÚBLICA – TUTELA PROVISÓRIA – CLÍNICA DE REPRODUÇÃO ASSISTIDA – PLANEJAMENTO FAMILIAR – ART. 226, § 7º, DA CF – OBEDIÊNCIA AOS PRINCÍPIOS DO DIREITO E AO ORDENAMENTO JURÍDICO LEGAL – *DOAÇÃO DE GAMETAS FEMININOS – INDÍCIOS DE COMERCIALIZAÇÃO – INOBSERVÂNCIA DA RESOLUÇÃO DO CONSELHO FEDERAL DE MEDICINA* – BUSCA E APREENSÃO DOS CONTRATOS DE DOAÇÃO – NECESSIDADE – SUSPENSÃO DE NOVAS DOAÇÕES – POSSIBILIDADE – APREENSÃO DOS GAMETAS JÁ DOADOS – PRECEDÊNCIA DE ANÁLISE INDIVIDUALIZADA E PORMENORIZADA. Desde que não afetados os princípios de direito ou o ordenamento legal, à família reconhece-se a autonomia ou liberdade de organização do planejamento familiar. *Presente os elementos que evidenciem a probabilidade do direito, consistente nos indícios de inobservância à Resolução do*

---

1   Cfr. LE DOUARIN, Nicole. *Quimeras, clones e genes*, cit., p. 472.

> Conselho Federal de Medicina que normatiza a reprodução assistida, e a possibilidade de dano à saúde das doadoras e das futuras gerações, devem ser deferidos os pedidos de busca e apreensão dos contratos de doação e suspensão de novas captações de óvulos de terceiros, até que a Clínica demonstre a regularidade das captações de óvulos. Antes de se proceder à busca e apreensão dos materiais genéticos advindos das doações, é necessária a análise individualizada e pormenorizada dos mesmos, para que os procedimentos feitos em estrita observância à normatização em vigor no momento da coleta não sejam prejudicados. V.V.P. Concede-se a tutela provisória de urgência quando houver elementos que evidenciem a probabilidade do direito e o perigo de dano ou o risco ao resultado útil do processo. Os pedidos liminares, mormente em relação à captação e apreensão de material genético, se mostram desacertados, nesta fase processual, vez que resvalam em direitos alheios, transbordando os limites da lide. (TJMG, 17ª C. Cível, AI 10000160566931001 MG, Rel. Des. Luciano Pinto, j. 15/11/2016). (grifo nosso)

No parecer CFM nº 12/2004, proveniente de consulta da ANVISA (Processo-consulta nº 55/2004), ficou estabelecido que "no Brasil, o médico está impedido de utilizar em procedimentos de fertilização assistida, gametas adquiridos mediante transações comerciais".

Como boa parte dos temas desse domínio, esse também revela posições legislativas divergentes ao redor do mundo. Tomemos Portugal como exemplo. O país veda expressamente os contratos de gestação de substituição onerosos, mas prevê uma compensação pela doação de gametas. As mulheres recebem cerca de 850 € por cada doação de óvulos, montante análogo ao que pode-se obter na Espanha[2] e no Reino Unido.[3]

---

2   Na Espanha, os valores variam entre 800 e 1000 euros. Nesse sentido, ver PORTO, Rita. "Mulheres vão passar a receber mais por cada doação de óvulos". Disponível em: http://observador.pt/2017/04/15/mulheres-vao-passar-a-receber-mais-por-cada-doacao-de-ovulos/ Acesso em: 18/08/2017.

3   No Reino Unido, os valores giram em torno de 750 libras esterlinas, como é indicado em: https://www.ngdt.co.uk/egg-donor/becoming-a-donor-egg/ Acesso em: 18/08/2017.

Esse cenário contrasta com o de dois países vizinhos na América do Norte. Enquanto o Canadá proíbe e criminaliza o comércio de gametas (fazendo analogia com a proibição do comércio de órgãos e tecidos humanos),[4] nos EUA as compensações pelas doações de ovócitos podem alcançar os US$ 10.000.[5]

2 – Os doadores não devem conhecer a identidade dos receptores e vice-versa.

Considerando esse dispositivo da Resolução do CFM, aqueles que doam esperma, óvulos ou embriões, *a priori*, não deveriam conhecer a identidade dos beneficiários das técnicas de reprodução assistida. Nessa lógica, a gestação de substituição tradicional – onde a hospedeira também é doadora do óvulo – configuraria prática proibida pelo Conselho Federal de Medicina.[6]

Todavia, o TJSC já reconheceu a legitimidade da doação de ovócitos por pessoa conhecida, irmã de um dos membros de um casal de *gays*, que também atuou como gestante de substituição. A mulher, portanto, foi a hospedeira do próprio sobrinho:

---

4   "*Exploiting the reproductive capabilities of children, women and men for commercial gain is strictly forbidden for health and ethical reasons. The requirement of altruistic donation in Canada is consistent with Canadian values and laws similar to the law on the transplantation of human organs and tissues*". Disponível em: https://www.canada.ca/en/health-canada/services/drugs-health-products/biologics-radiopharmaceuticals-genetic-therapies/legislation-guidelines/assisted-human-reproduction/prohibitions-purchasing-reproductive-material-selling-vitro-embryos.html Acesso em: 18/08/2017.

5   Cfr. https://www.eggdonoramerica.com/become-egg-donor/egg-donor-compensation Acesso em: 18/08/2017.

6   Para uma diferenciação mais aprofundada entre as modalidades de gestação de substituição, ver BARON, Noah; BAZZELL, Jennifer. "Assisted Reproductive Technologies", *In*: *Georgetown Journal of Gender and the Law*, Vol. 15, nº 1, pp. 57-94, 2014, p. 59.

Santa Catarina – Florianópolis – Apelação cível. *Ação declaratória de dupla paternidade.* Sentença de procedência. *Método de reprodução heteróloga assistida que utilizou gameta doado pela irmã de um dos autores, que também gestou a criança. Registro de nascimento da menor constando os nomes do casal homoafetivo como seus pais.* Insurgência do ministério público. Pretendida nulidade da sentença, por incompetência do juízo e porque não lhe fora oportunizada a manifestação sobre o mérito. Alegação de que o feito deveria versar sobre adoção, em razão de o gameta não ter sido doado por pessoa anônima, o que determinaria a competência da vara da infância e juventude. Insubsistência. Parquet que, ao proclamar a incompetência do juízo, se manifestou sobre o mérito da demanda, opondo-se ao pleito, tese encampada depois pela procuradoria. *Inexistência de óbice legal ao atendimento do pedido. Doadora do gameta que, após o nascimento da criança, renunciou ao poder familiar. Melhor interesse da criança que deve preponderar sobre formalidades, aparências e preconceitos.* Pedido de antecipação da tutela realizado em contrarrazões. Imediata emissão da certidão de nascimento da infante, que se encontra, até o momento, desprovida do registro. Possibilidade. Requisitos do art. 273 do diploma processual preenchidos. Recurso desprovido. (TJSC, AC 2014.079066-9, Rel. Des. Domingos Paludo, j. 12/03/2015). (Destaque nosso)

Considerando a imposição do anonimato dos doadores como uma norma deontológica, em matéria que carece de regulação legislativa, o Tribunal Regional Federal da 1ª Região autorizou a doação de ovócitos, suprimindo o requisito do sigilo:

CONSTITUCIONAL, ADMINISTRATIVO E PROCESSUAL CIVIL. MANDADO DE SEGURANÇA. CONSELHO REGIONAL DE MEDICINA DO ESTADO DE MINAS GERAIS (CRM-MG). FERTILIZAÇÃO *IN VITRO*. PLANEJAMENTO FAMILIAR. CONSTITUIÇÃO FEDERAL, ART. 226, § 7º. RESOLUÇÃO N. 1.957/2010 DO CONSELHO FEDERAL DE MEDICINA. VEDAÇÃO À DOAÇÃO DE ÓVULOS POR PESSOA NÃO ANÔNIMA. FALTA DE REGULAMENTAÇÃO LEGISLATIVA. SENTENÇA CONCESSIVA DA SEGURANÇA. APELAÇÃO. PRELIMINARES DE ILEGITIMIDADE ATIVA E DE LITISCONSÓRCIO PASSIVO. REJEIÇÃO. 1. Preliminares de ilegitimidade ativa e de litisconsórcio passivo necessário, rejeitadas. Não ocorrência de perda do objeto da lide em razão do nascimento da criança, em razão do interesse dos impetrantes na geração de outro filho mediante ovodoação. 2. Consoante disposto no art. 226, § 7º, da Constituição Federal, "(...) o planejamento familiar é livre decisão do casal, competindo ao Estado propiciar recursos educacionais e científicos para o exercício desse direito, vedada qualquer forma coercitiva por parte de instituições oficiais ou privadas". 3. *A Resolução 1.957/2010 do Conselho Federal de Medicina, ato infralegal, não pode se sobrepor aos ditames constitucionais e legais para impedir a ovodoação, na hipótese dos autos.* 4. Sentença confirmada. 5. Agravo retido, recurso de apelação e remessa oficial, desprovidos. (TRF 1, 6ª T., AMS 00074028720124013803 0007402-87.2012.4.01.3803, Rel. Des. Fed. Daniel Paes Ribeiro, j. 21/09/2015).

Em sentido contrário, harmonizado com o anonimato preconizado pela Resolução 2.121/2015, o Conselho Regional de Medicina da Bahia negou pedido – oriundo de casal de lésbicas – de autorização para que os óvulos de uma das parceiras fosse fecundado com o semên de um parente consanguíneo da outra, fazendo com que o concepturo tivesse carga genética de ambas as famílias:

> Os doadores de gametas ou embriões não devem conhecer a identidade dos receptores e vice-versa. A fertilização de óvulos ocorrerá por doador anônimo selecionado pela unidade de saúde responsável pela fertilização *in vitro*. Nas relações homoafetivas femininas as transferências dos óvulos fecundados serão realizadas para o útero de uma das parceiras. (CREMEB, Expediente Consulta nº 015.283/12, Parecer nº 37/2012, Rel.ª Cons.ª Isa Urbano Bessa, 08/11/2012).

3 – A idade limite para a doação de gametas é de 35 anos para a mulher e de 50 anos para o homem.

Nos últimos tempos, a idade parental avançada tornou-se uma preocupação recorrente com o aumento de casais que decidem ter filhos mais tarde. Os efeitos relacionados ao aumento da idade materna incluem baixo peso ao nascer, parto prematuro, abortos espontâneos, assim como defeitos congênitos após o parto. Também é indicado que a taxa de anormalidades cromossômicas cresce exponencialmente na prole de mulheres com idade acima de 35 anos. Os efeitos da idade maternal avançada são mais bem compreendidos que os efeitos da idade paternal tardia.[7]

A diferença de limitação de idade entre as doadoras de ovócitos e os doadores de esperma se devem ao fato de não existir correlação clara entre a idade paterna (ou do doador de esperma) avançada e taxas de fertilização, implantação, gravidez, aborto espontâneo e nascimento com vida. Algumas pesquisas indicam que a idade masculina não parece influenciar a qualidade do embrião no estágio de clivagem (2º-3º dia). Todavia, um decréscimo significativo na formação do blastocisto foi associada com a idade masculina avançada, possivelmente refletindo a ativação genômica masculina dentro do embrião. Nesses estudos, excetuando-se o volume, características do esperma como motilidade, concentração e morfologia não diminuíram com a idade.[8]

Todavia, estudos[9] mais recentes indicam que, não obstante a morfologia e a concentração não tenham sido alteradas com a idade, a motilidade decresceu com o passar do tempo. Além disso, uma análise de regressão linear indicou que a idade masculina avançada está associada com aumento da fragmentação do DNA do esperma e uma degradação elevada do DNA. O

---

7   Cfr. RAMASAMY, Ranjith, *et al.* "Male biological clock: a critical analysis of advanced paternal age", *In: Fertility and Sterility*, vol. 103, nº 6, pp. 1402-1406, 2015, p. 1402.

8   Esse estudo analisou 10 outras pesquisas: DAIN, Lena, *et al.* "The effect of paternal age on assisted reproduction outcome", *In: Fertility and Sterility*, vol. 95, nº 1, pp. 1-8, 2011, p. 1.

9   RABERI, A. *et. al.* "A comprehensive study into the effects of advancing male age on semen parameters, sperm genetic integrity and the outcome of assisted reproductive treatments", *In: Fertility and Sterility*, vol. 106, nº 3, Supplement, 2016. p. e304.

avanço da idade masculina foi associada com a diminuição do número médio de embriões de estágio 2PN clivados, taxas de fertilização e nascimento.

Assim, um impacto negativo da idade masculina nos tratamentos reprodutivos foi confirmado, levando, em última análise, à diminuição das taxas de natalidade. Os resultados obtidos fornecem evidências de que fatores como danos ao DNA do esperma podem contribuir para esse efeito etário, sugerindo que a medição desse parâmetro e a tentativa de mitigar níveis elevados podem ser particularmente valiosos para pacientes mais velhos.

4 – Será mantido, obrigatoriamente, o sigilo sobre a identidade dos doadores de gametas e embriões, bem como dos receptores. Em situações especiais, informações sobre os doadores, por motivação médica, podem ser fornecidas exclusivamente para médicos, resguardando--se a identidade civil do(a) doador(a).

Essa consideração se relaciona intimamente com o art. 21 do Código Civil, que tutela a vida privada das pessoas, considerada inviolável. De acordo com dispositivo da Lei Civil, "o juiz, a requerimento do interessado, adotará as providências necessárias para impedir ou fazer cessar ato contrário a esta norma".

Estando em causa uma situação de saúde (uma exigência médica, como indica esse dispositivo), não parece ser razoável que se dê prevalência ao direito à privacidade e à intimidade dos doadores, em confronto com o direito à saúde e à vida daquele que busca informações genéticas por razões médicas. Esse entendimento vincula-se, principalmente, ao fato de que os doadores – de maneira livre, informada e esclarecida – optaram por participar do projeto de criação de terceira pessoa. [10]

---

10 Percepção partilhada por RAPOSO, Vera Lúcia. *O direito à imortalidade*, cit., p. 797.

Na ausência de uma situação clínica que o justifique, o pedido de levantamento do anonimato dos doadores repousará no direito ao conhecimento das origens genéticas, matéria que faz parte da agenda jurídica mundial, tendo se convertido em um dos temas mais importantes do direito civil nos últimos tempos. No âmbito da adoção, o art. 48 do Estatuto da Criança e do Adolescente prevê que o adotado possui o direito de conhecer a sua origem biológica, assim como ter acesso ao processo de adoção.

Se no domínio da adoção existe esse direito, parece evidente que, por analogia ou interpretação extensiva, na seara da reprodução assistida também deva existir uma salvaguarda do direito fundamental ao conhecimento das origens genéticas (*Recht auf Kenntnis der eigenen Abstammung*).[11]

Esse dispositivo da Resolução do CFM parece encontrar uma norma congênere no art. 15º, nº 2, da Lei de Procriação Medicamente Assistida de Portugal. Todavia, no território português é dispensável a motivação médica. Assim, as pessoas nascidas por técnicas de reprodução assistida com recurso a doação de embriões ou gametas podem requerer as informações de cunho genético que lhes digam respeito junto aos serviços competentes de saúde. Analogamente à norma do CFM, a identificação do doador estará excluída.

O levantamento do sigilo ocorrerá apenas por decisão judicial, na existência de razões ponderosas que o justifiquem, como indica o nº 4 do mesmo artigo. Em Portugal, há quem considere que "um desejo inexpugnável de conhecer as suas origens genéticas, em termos tais que o seu entorpecimento lhe afecta o desenvolvimento da própria personalidade, justificava a revelação da identidade do dador de gâmetas".[12]

---

11   Direito constitucionalmente garantido, que passou a ser assim considerado a partir de 1976, por influxo da tese de doutoramento defendida por Wilhelm Kleneke, passando a reverberar na jurisprudência alemã a partir de finais década de 80, como indica REIS, Rafael Luís Vale e. *O direito ao conhecimento das origens genéticas*. Coimbra: Coimbra Editora, 2008, pp. 18-19 e p. 487.

12   REIS, Rafael Luís Vale e. *O direito ao conhecimento das origens genéticas*, cit., p. 441.

Como adverte Vera Raposo, é a própria noção de "responsabilidade reprodutiva"[13] que autoriza a quebra do sigilo. É preciso que os doadores de gametas tenham a consciência de que o seu ato contribuiu para que um novo ser fosse trazido ao mundo. Se é certo que as responsabilidades parentais estão afastadas, o mesmo não se pode dizer em relação a uma responsabilidade vinculada à historicidade pessoal do fruto da PMA.

5 – As clínicas, centros ou serviços onde é feita a doação devem manter, de forma permanente, um registro com dados clínicos de caráter geral, características fenotípicas e uma amostra de material celular dos doadores, de acordo com legislação vigente.

O interdito proibitório do incesto, que obsta relações sexuais no mesmo núcleo familiar configura, de acordo com alguns estudiosos, a passagem de um estado de selvageria ou primitivo para um estágio cultural.[14] É considerado por Friedrich Engels uma "das mais valiosas"[15] invenções humanas. O incesto é, portanto, a base de todas as proibições; é a primeira lei, a lei edificante do sujeito, da sociedade e, consequentemente, do ordenamento jurídico.[16]

---

13   RAPOSO, Vera Lúcia. *O direito à imortalidade*, cit., p. 811.
14   Como indica HIRONAKA, Giselda Maria Fernandes Novaes. "O conceito de família e sua organização jurídica", In: *Tratado de Direito das Famílias*/Rodrigo da Cunha Pereira (Org.). Belo Horizonte: IBDFAM, pp. 27-98, 2015, p. 47.
15   ENGELS, Friedrich. *A origem da família, da propriedade e do Estado*/H. Chaves (trad.). 4. ed. Lisboa: Editorial Presença, 1891, p. 48.
16   Como afirma PEREIRA, Rodrigo da Cunha. "A primeira lei é uma lei de direito de família: a lei do pai e o fundamento da lei", In: *Direito de família e psicanálise: rumo a uma nova epistemologia*/ Giselle Câmara Groeninga; Rodrigo da Cunha Pereira (orgs.). Rio de Janeiro: Imago, pp. 17-29, 2003, p. 27.

Na hipótese de parentesco natural ou consanguíneo, a vedação ao matrimônio reside também no objetivo eugênico de se evitar problemas congênitos aos filhos do casal, ocorrências comuns em relações endogâmicas. Aliás, essa questão revela um outro problema: a necessidade de se regular de maneira cada vez mais cautelosa o mercado da fertilidade, para se evitar eventuais "incestos acidentais" (e os possíveis efeitos nefastos) entre doadores de gametas e as pessoas que tiverem sido geradas com esse material genético.[17]

Por isso a necessidade inafastável de um registro permanente com as características fenotípicas e uma amostra do material genético dos doadores, além da imposição de limitações ao uso dos gametas de um mesmo doador.

6 – Na região de localização da unidade, o registro dos nascimentos evitará que um(a) doador(a) tenha produzido mais de duas gestações de crianças de sexos diferentes em uma área de um milhão de habitantes.

Essa disposição está intimamente ligada ao número anterior e materializa um interdito à endogamia biologicamente prejudicial, ou seja, um aumento da possibilidade de que dois irmãos genéticos venham a se relacionar sexualmente no futuro, estando sujeitos a impedimentos matrimoniais e a consequências biológicas indesejáveis na prole.

No caso dos parentes consanguíneos, os impedimentos matrimoniais, portanto, possuem um cariz eugênico; na relação de afinidade e nos outros tipos de parentesco, como o civil, tal vedação se baseia em considerações de ordem puramente social e moral.

---

17 Nesse sentido, cfr. CAHILL, Courtney Megan. "The Oaedipus Hex: Regulating Family After Marriage Equality", *In: UC Davis Law Review*, vol. 49, pp. 183-250, 2015, p. 190.

Recentemente, o Tribunal Europeu dos Direitos Humanos considerou (no julgamento do caso Stübing v. Alemanha)[18] que um amplo consenso transparece que as relações sexuais entre irmãos não são aceitas pelas ordens jurídicas nem tampouco pela sociedade como um todo.

Tais relações, quando não são criminalizadas (como no caso da Alemanha), constituem impedimentos matrimoniais (como em Portugal e no Brasil) na maior parte das sociedades. A Corte de Estrasburgo terminou por decidir que as autoridades nacionais de cada um dos Estados Partes gozam de uma ampla margem de apreciação na determinação de como enfrentar relações incestuosas consentidas entre adultos, não obstante o fato dessa decisão dizer respeito a um aspecto íntimo da vida privada das pessoas.

O TEDH ressaltou o entendimento do Tribunal Constitucional Alemão, que considerou que as relações sexuais entre irmãos poderiam danificar massivamente as estruturas familiares e, como consequência, a sociedade como um todo. Assim, o Tribunal considerou não haver violação ao art. 8 da Convenção Europeia dos Direitos Humanos, que tutela o direito à vida privada e familiar.

7 – A escolha dos doadores é de responsabilidade do médico assistente. Dentro do possível, deverá garantir que o(a) doador(a) tenha a maior semelhança fenotípica e a máxima possibilidade de compatibilidade com a receptora.

Alguma doutrina indica que as "semelhanças fenotípicas" operariam como uma "substituição simbólica dos

---

18   Caso Stübing v. Alemanha (Queixa nº 43547/08), j. 12/04/2012. Disponível em: http://hudoc.echr.coe.int/eng?i=001-110314 Acesso em: 16/07/2017.

genes".[19] Parece que essa exigência – de constitucionalidade duvidosa – busca imitar a natureza através de processo que persiga, na maior medida do possível, o resultado que seria obtido através da procriação natural dos beneficiários das técnicas de reprodução humana assistida.

Tal imposição assemelha-se aos contornos da adoção de crianças no passado, quando os casais procuravam única e exclusivamente crianças da mesma etnia e guardassem semelhanças com os adotantes para que a filiação adotiva – tratada com diferença pela legislação e pela sociedade – não fosse conhecida além dos muros do núcleo familiar.

Em uma lógica de liberdade, autonomia reprodutiva e autodeterminação das pessoas e das famílias, não parece que essa escolha deva estar nas mãos do profissional da medicina reprodutiva, mas sim da pessoa ou do casal beneficiário.

Ademais, na hipótese de uma pessoa solteira, qual o sentido de só poder ter filhos através da reprodução assistida com características físicas análogas às suas? Dito de outra maneira, uma mulher solteira (branca, negra, índia, oriental) pode relacionar-se sexualmente com um homem (de qualquer etnia) e gerar um filho.

Assim, afigura-se de todo absurdo restringir a escolha dos doadores de gametas àqueles que tenham semelhanças fenotípicas com os beneficiários das técnicas de PMA. Se a adoção trans--étnica, os relacionamentos inter-raciais e as diversidades são realidades no Brasil, é absolutamente incompatível com os preceitos constitucionais esse tipo de restrição à autonomia dos beneficiários, relativamente às características fenotípicas dos doadores.

O mesmo não se pode dizer da análise de compatibilidade sanguínea, imunológica e genética entre receptora (ou mãe e/ou doadora de óvulo) e o doador genético (ou pai), que visam assegurar que o bebê não possua patologias oriundas de possíveis incompatibilidades.

---

19 LUNA, Naara. *Provetas e clones:* uma antropologia das novas técnicas reprodutivas. Rio de Janeiro: FIOCRUZ, 2007, p. 209.

8 – Não será permitido aos médicos, funcionários e demais integrantes da equipe multidisciplinar das clínicas, unidades ou serviços, participarem como doadores nos programas de RA.

Neste item, o cuidado adotado soma imperativos éticos e critérios técnicos. A evidente proibição de que médicos e integrantes de equipes multidisciplinares das clínicas e serviços sejam doadores nos programas de reprodução assistida por eles gerenciados tem a primeira e óbvia intenção de atender aos comandos deontológicos do Código de Ética Médica, no sentido de ser proibido ao médico aproveitar-se da ignorância ou vulnerabilidade de seus pacientes, para impingir-lhes tratamentos ou deles tirar vantagem.

Um segundo elemento aqui constante é o da proteção da intimidade e da vida privada dos pacientes das técnicas de reprodução assistida. Acaso permitido fosse que os indivíduos citados no item aqui sob análise participassem como doadores, o elemento da confidencialidade estaria quebrado por vias transversas: o doador teria acesso aos dados dos beneficiados por sua doação, inexistindo meios de impedi-lo, por exemplo, de buscar contato com a criança ou crianças geradas a partir das técnicas, podendo surgir a partir daí toda uma gama de problemas de ordem legal e mesmo psicológica para todos os envolvidos.

O comando ético também está em consonância com aquele disposto no item 6 deste mesmo capítulo, já discutido em páginas pretéritas. O risco de utilização de mais de uma amostra destes doadores incluídos entre os proibidos de doar poderia contaminar a "equação de segurança", gerando crianças de sexos diferentes em uma mesma circunscrição geográfica com menos de um milhão de habitantes.

São diversos, portanto, e com diferentes e fundamentadas objeções, os motivos que levam a levantar barreiras impeditivas à participação de integrantes das equipes médicas, técnicas, administrativas e multiprofissionais envolvidas na administração e manuseio das técnicas de reprodução humana assistida em clínicas, centros e serviços, na qualidade de doadores de material genético, evitando múltiplos desvirtuamentos dos protocolos de segurança já estabelecidos.

9 – É permitida a doação voluntária de gametas masculinos, bem como a situação identificada como doação compartilhada de oócitos em RA, em que doadora e receptora, participando como portadoras de problemas de reprodução, compartilham tanto do material biológico quanto dos custos financeiros que envolvem o procedimento de RA. A doadora tem preferência sobre o material biológico que será produzido.

A doação de ovócitos possui uma história bastante recente. A primeira doação de óvulos documentada ocorreu no ano de 1983, quando uma paciente que estava se submetendo à FIV doou os seus oócitos para outra paciente que sofria de falência ovariana.

O procedimento da ovodoação consiste na remoção dos óvulos de uma doadora e a transferência dos mesmos para a mãe destinatária ou para a hospedeira (nos casos de gestação de substituição). Os avanços da medicina passaram a permitir que casais inférteis tivessem a habilidade de ter um filho ligado geneticamente a um dos parceiros, tendo a parceira feminina a opção de ser a mãe gestacional. Os desenvolvimentos neste campo permitiram que milhares de mulheres ao redor do mundo possuíssem a capacidade de carregar um filho quando tiveram falências ovarianas prematuras, ovários atrofiados, óvulos anormais – devido à genética ou à idade – ou falências ovarianas resultantes de tratamentos de quimio e/ou radioterapia.

Em razão da já mencionada proibição de comercialização de gametas, há uma enorme dificuldade em encontrar-se doadoras de óvulos que, ao contrário da doação de esperma, não é fácil ou indolor, exigindo uma intervenção cirúrgica. Diante deste quadro, clínicas de fertilização têm se socorrido de dois métodos bastante interessantes Trata-se da ovodoação compartilhada e da ovodoação cruzada. É imperioso salientar que doadoras e receptoras não devem se conhecer, em razão do anonimato imposto pela Resolução do CFM.

No caso da ovodoação compartilhada, uma ou mais receptoras podem receber os óvulos de uma paciente de FIV que não deseje congelar os seus gametas, pelos mais diversos motivos. Neste caso, é justo que a doadora perceba uma diminuição nos custos da sua FIV, passando parte dos gastos do tratamento à(s) receptora(s).

Familiares e conhecidas da receptora não podem ser doadoras para a mesma, mas podem fazer o que se denomina de doação cruzada. Dessa modalidade de doação pode socorrer-se a paciente que não produza óvulos. Assim, a paciente 1 possui uma irmã ou amiga que se denomina doadora 1, e a paciente 2 possui uma prima ou uma tia que se denomina doadora 2. A paciente 1 poderá receber os óvulos da doadora 2 e a paciente 2 poderá receber os óvulos da doadora 1. Desta forma, o anonimato estará sendo mantido. Em ambos os casos as mulheres envolvidas estarão atuando de forma altruística e conveniente para todas as partes, com um potencial de redução de custos para a paciente que for doadora.[20]

---

20 Cfr. CHAVES, Marianna. "Breves notas sobre a ovodoação compartilhada". Disponível em: http://www.donare-pe.com.br/artigo.html Acesso em: 19/07/2017.

V

CRIOPRESERVAÇÃO DE GAMETAS OU EMBRIÕES

1 – As clínicas, centros ou serviços podem criopreservar espermatozoides, óvulos, embriões e tecidos gonádicos.

Em 12 de maio de 2008, foi criado o SisEmbrio[1] – Sistema Nacional de Produção de Embriões, pela Resolução de Diretoria Colegiada/Anvisa – RDC nº 29, atualizada pela RDC nº 23/2011, com os objetivos de:

Conhecer o número de embriões criados pelas técnicas de fertilização *in vitro* criopreservados nos Bancos de Células e Tecidos Germinativos – BCTGs ou clínicas de procriação medicamente assistida.

Atualizar as informações relativas aos embriões doados para investigação com células-tronco embrionárias, conforme estabelece a Lei de Biossegurança e o Decreto nº 5.591/2005.

Divulgar informações concernentes à produção de células e tecidos germinativos (oócitos e embriões) no território brasileiro, tais como: número de ciclos de fertilização *in vitro* realizados, número de oócitos produzidos, número de ovócitos inseminados, número de óvulos com dois pronúcleos, número de embriões clivados, número de embriões transferidos, assim

---

[1] ANVISA. "9º Relatório Sistema Nacional de Produção de Embriões". Disponível em: http://portal.anvisa.gov.br/sangue-tecidos-celulas-e-orgaos Acesso em: 15/11/2016.

como o número de embriões descartados por serem considerados inviáveis.

Revelar os indicadores de qualidade dos Bancos, para fomentar a melhoria ininterrupta do controle de qualidade dos BCTGs, amparar os inspetores sanitários a avaliar e fiscalizar os Bancos, assim como viabilizar o acesso da população aos índices de qualidade dos serviços.

2 – O número total de embriões gerados em laboratório será comunicado aos pacientes para que decidam quantos embriões serão transferidos a fresco. Os excedentes, viáveis, devem ser criopreservados.

Mais uma vez, vê-se o prestígio outorgado ao direito à informação e à autodeterminação dos pacientes das técnicas de PMA. Nas 141 clínicas de reprodução humana assistida aderentes ao SisEmbrio,[2] em 2015, foram realizados um total de 35.615 ciclos, com 327.748 oócitos produzidos, 73.472 embriões transferidos e 56.067 embriões descartados. São considerados como ciclos de fertilização *in vitro*, as intervenções médicas nas quais a mulher é submetida ao estímulo da ovulação (produção) e colheita de ovócitos para realizar a procriação medicamente assistida.

O bom desenvolvimento dos pré-embriões é constatado até o 5º dia da aspiração folicular, devendo estar em fase de mórula ou blastocisto. Na hipótese de estarem em outro estágio, não haverá possibilidade de criopreservação e serão clas-

---

2 Há indicação de que existem cerca de 150 clínicas no Brasil, das quais 94% são aderentes ao SisEmbrio. Os BCTGs que não enviarem a produção incorrerão em infração sanitária e estarão sujeitos às penas previstas na Lei nº 6.437, de 20 de agosto de 1977.

sificados como embriões pré-implantatórios inviáveis, como já indicou decisão do Tribunal de Justiça de São Paulo.[3]

Adverte-se na doutrina portuguesa que é indispensável uma avaliação pormenorizada e criteriosa relativamente à qualidade dos embriões que serão criopreservados. Essa análise responsável é imperiosa, já que até mesmo os embriões com uma suposta qualidade podem deteriorar no decorrer do processo de congelamento e descongelamento, "pelo que não seria legítimo congelar embriões com sinais de inviabilidade, criando nos casais uma expectativa inconsistente".[4]

3 – No momento da criopreservação, os pacientes devem expressar sua vontade, por escrito, quanto ao destino a ser dado aos embriões criopreservados em caso de divórcio, doenças graves ou falecimento, de um deles ou de ambos, e quando desejam doá-los.

A coleta de óvulos é um procedimento onde se faz necessária uma intervenção cirúrgica, com utilização de anestesia, o que se traduz em um risco para a mulher em causa e, por óbvio, não pode ser realizada com frequência. Trata-se de uma situação onde, além disso, existe algum sofrimento físico e, por vezes, psíquico. Por tal motivo, existem as denominadas "sobras embrionárias", que se devem à vontade de se aproveitar, ao máximo, a "hiperindução" da ovulação.

Durante muito tempo não existiu uma forma segura de conservação e congelamento dos óvulos em baixa temperatura, que deveriam ser colhidos e fecundados de pronto, em vir-

---

3 TJSP, 3ª Câm. de Direito Público, APL 2126606720088260000 SP 0212660-67.2008.8.26.0000, Rel. Des. Antônio Carlos Malheiros, j. 07/08/2012.
4 BARROS, Alberto. "Procriação medicamente assistida", cit., p. 121.

tude da impossibilidade da sua conservação. E mais: devido à possibilidade de falta de êxito no desenvolvimento dos vários embriões implantados, era necessário o preparo simultâneo de vários embriões, que seriam utilizados cada vez que as tentativas de implantação e desenvolvimento fossem infrutíferas.

Esse era o panorama médico-científico até muito pouco tempo atrás e a "gênese dos embriões excedentários, órfãos biológicos da ciência atual". Para Vera Lúcia Raposo, a fertilização de um número hiperbólico de óvulos é a responsável pela criação de mais embriões que poderão ser implantados "no útero materno em condições que permitam levar a bom termo a gravidez sem prejudicar a vida da mãe".[5] Ao redor do mundo existem, atualmente, milhões de embriões congelados.[6] Enquanto alguns destes estão criopreservados porque os casais ainda estão envolvidos em tratamentos de fertilidade, muitos nunca serão implantados nestes casais e são denominados como excedentários. Há um debate mundial sobre o que deve acontecer com esses embriões.[7]

De pronto suscita-se uma dúvida: o eventual destino dado a esses embriões, para além da sua utilização em pesquisas científicas ou a própria destruição, seria uma doação ou uma espécie *sui generis* de adoção? A questão da adoção *vs.* doação nada mais é do que o resultado da definição de estarmos a falar de uma *res*, de um ser humano, de uma vida humana em potencial ou de uma situação intermédia inominada. É certo que as técnicas da reprodução assistida deverão evoluir de modo a se garantir

---

5   RAPOSO, Vera Lúcia. "O dilema do rei Salomão: conflitos de vontade quando ao destino dos embriões excedentários", In: *Lex Medicinae* – Revista Portuguesa de Direito da Saúde, ano 5, nº 9. Coimbra: Centro de Direito Biomédico/ Coimbra Editora, pp. 55-79, 2008, p. 58.

6   RAPOSO, Vera Lúcia. "O dilema do rei Salomão: conflitos de vontade quando ao destino dos embriões excedentários", cit., p. 58.

7   Já tratamos detalhadamente da questão no artigo CHAVES, Marianna. "Algumas notas sobre os embriões excedentários", *In: Direito, linguagem e sociedade/* Virginia Colares (Org.). Recife: Appodi, pp. 124-162, 2011, pp. 124 e ss.

implantações bem sucedidas, sem a necessidade de fecundação de vários óvulos, ou até mesmo se evoluir para o congelamento e preservação dos gametas, como já vem acontecendo mais recentemente. Mas qual o destino dos embriões supranumerários que já existem? A utilização por outro casal? O descarte? A criopreservação? Por quanto tempo?[8] Além da determinação da natureza jurídica do embrião, outra questão, quase concomitantemente emerge: quem possui a legitimidade decisória sobre o destino desses embriões?

Uma pergunta básica logo irrompe: quando é que um agregado de moléculas deixa de ser uma simples mistura química e se transforma em um organismo vivo? Existem duas grandes correntes a esse respeito, que passaremos ao largo.[9] O que está efetivamente em causa é determinar se o embrião é uma coisa (*res*),[10] uma quase-propriedade,[11] um ser humano,[12] um ser hu-

---

8 Problemas também levantados por GUIMARÃES, Ana Paula. *Alguns problemas jurídico-criminais da procriação medicamente assistida*. Coimbra: Coimbra Editora, 1999, p. 109.

9 A concepcionista e a natalista. Existe ainda uma corrente com um número menor de adeptos, denominada de teoria da personalidade condicional.

10 Neste sentido se manifesta CAHN, Naomi R. *Test tube families:* why the fertility market needs regulation. New York/London: New York University Press, 2009, p. 175, quando assevera que não obstante os embriões serem destinatários de respeito especial, ainda constituem propriedade, como o esperma e os óvulos.

11 Propriedade para determinados propósitos, mas não para todos, de acordo com GARRISON, Marsha. "Law Making for Baby Making: An Interpretive Approach to the Determination of Legal Parentage", *In*: *Harvard Law Review*, Vol. 113, nº 4, pp. 835-923, 2000, p. 906.

12 Nessa corrente se filia Enrique Varsi Rospigliosi, para quem o embrião, ainda que *ex utero*, é uma vida humana que, independentemente da forma como tenha sido criada e da sua espera de transferência para a parede uterina, merece a proteção jurídica como sujeito de direito que é. Neste sentido, consultar ROSPIGLIOSI, Enrique Varsi. *Derecho genético y procreático*. 4ª ed. atual. 1ª ed. para Bolívia. La Paz: ABIODGE – Asociación Boliviana de Bioética & Derecho Genético y Biotecnología, 2005, p. 125.

mano em potência,[13] ou um *tertium genus*,[14] uma categoria de direitos e relações, ainda inominada.

Seguindo a ideia de Vera Lúcia Raposo, esta última posição parece-nos ser a mais razoável de se adotar.[15] Assim, é preciso ver o embrião excedente numa espécie de teoria híbrida, onde o mesmo não se encaixa na figura de pessoa, "mas é destinatário de direitos visando coibir práticas excessivas e condutas antiéticas do meio científico".[16]/[17] Independente da visão que se tenha sobre a natureza jurídica do embrião uma coisa se deve ter por certa: existe um consenso quase geral de que eles merecem um "especial respeito", porque completaram os primeiros passos após a fertilização para se tornar um bebê.[18]

---

13 Considera o embrião um ser humano em potencial – e, por tal motivo se opõe aos experimentos que conduzam à sua destruição MARSHALL, John. "The Case Against Experimentation", *In: Experiments on Embryos*/ A. Dyson; J. Harris (editors). London: Routledge, pp. 55-64, 1990, p. 55.

14 Expressão latina que designa a metade do caminho entre duas coisas. No caso em tela, os embriões estariam algures entre as coisas e as pessoas.

15 RAPOSO, Vera Lúcia. "O dilema do rei Salomão: conflitos de vontade quando ao destino dos embriões excedentários", cit., p. 57.

16 SOARES, Vladimir Salles. "O embrião excedentário e as terapias celulares – uma análise da lei de biossegurança sob o prisma constitucional", em *Novos direitos*/ Mauro Nicolau Júnior. Curitiba: Juruá, pp. 625-691, 2007, p. 658.

17 Não obstante não ter sido a ideia adotada no célebre julgamento *Davis v. Davis* nos EUA, tal corrente já era ventilada pela doutrina e foi citada na sentença. "*A third view -- one that is most widely held -- takes an intermediate position between the other two. It holds that the pre-embryo deserves respect greater than that accorded to human tissue but not the respect accorded to actual persons. The pre-embryo is due greater respect than other human tissue because of its potential to become a person and because of its symbolic meaning for many people. Yet, it should not be treated as a person, because it has not yet developed the features of personhood, is not yet established as developmentally individual, and may never realize its biologic potential*". *Davis v. Davis*, 842 S.W. 2d 588 (Tennessee, 1992), [57].

18 Há duas décadas assim já se manifestava ROBERTSON, John *apud* GARRISON, Marsha. "Law Making for Baby Making: An Interpretative Approach to the Determination of Legal Parentage", cit., p. 910.

Num primeiro momento, deve-se questionar se devemos falar em "guarda" dos embriões – em uma nítida remissão ao poder familiar/ responsabilidades parentais – partindo de uma ideia de que os embriões constituem vida humana, ainda que de forma distinta do ser humano nascido, ou se devemos falar em propriedade ou posse, numa clara qualificação dos embriões como simples *res*.[19]

Seja qual for a qualificação que seja dada ao embrião – de coisa ou de ser humano – uma certeza se deve ter. Antes do momento da concretização da técnica de fertilização *in vitro*, ou, no máximo, até o momento da criopreservação do embrião, o seu destino já deve – ou deveria estar – previsto em um contrato ou no termo de consentimento informado utilizado pela clínica. Na ausência de tal documento, muitos problemas poderão surgir, nomeadamente em caso de separação/divórcio do casal ou de morte de um deles.

De acordo com a Resolução 2.121/2015 do CFM, no momento da criopreservação, os pacientes devem expressar sua vontade, por escrito, quanto ao destino a ser dado aos embriões. Os embriões criopreservados com mais de cinco anos poderão ser descartados se esta for a vontade dos pacientes.[20] A utilização dos embriões em pesquisas de células-tronco não é obrigatória, conforme previsto na Lei de Biossegurança.

---

19   Tal dúvida também é suscitada por RAPOSO, Vera Lúcia. "Direitos reprodutivos", *In*: *Lex Medicinae* – Revista Portuguesa de Direito da Saúde. Ano 2, nº 3. Coimbra: Centro de Direito Biomédico/ Coimbra Editora, pp. 111-131, 2005, p. 129.

20   Sobre a experimentação ressalta Vera Raposo que "se a alternativa é, sem mais, destruir os embriões, por que não antes tirar deles uma utilidade, que pode vir a beneficiar em muito a espécie humana? Não se trata de instrumentalizar os embriões, mas sim de verdadeiramente os respeitar como seres vivos que são, permitindo que antes da sua eliminação contribuam para o bem estar da humanidade da qual já fazem parte ou, pelo menos, viriam potencialmente a fazer". RAPOSO, Vera Lúcia. "Direitos reprodutivos", cit., pp. 128-129.

A solução, na teoria, parece ter sido oferecida: o que estiver no contrato ou no termo de consentimento informado, vale para decidir o destino dos embriões excedentes. E serão os autores do projeto parental que irão decidir a questão.

Na ocorrência de os progenitores estarem em concórdia sobre o destino dos embriões e, por óbvio, esse destino seja lícito, não parecem existir problemas. Entretanto, se o casal está em dissenso, a resolução da situação deve ser deixada ao judiciário com fundamento no que se entenda por melhor interesse do embrião.[21] E este desacordo pode se manifestar de diversas maneiras. Ambos os pais podem querer os embriões para procriar. Um deles pode querer implantá-los e o outro se opor a envolver-se em um projeto parental. Por isso, mais uma vez, é imperioso reforçar a necessidade de elaboração de um acordo escrito,[22] onde tais situações – de destinação dos embriões – já estejam decididas à partida, esclarecidos os termos nos quais se operará a transferência embrionária na ocorrência de separação ou divórcio.[23] A decisão, como mencionado, deverá ser pautada no melhor interesse do embrião ou do nascituro eventual.[24]

Em relação às disputas de vontades entre progenitores vivos, alinhamos pela seguinte solução:[25] 1) no caso de desacordo entre os beneficiários das técnicas, dever-se-á recorrer aos acordos prévios estabelecidos entre as partes; 2) na falta dos referidos acordos, dever-se-á ponderar o relevo da vontade de cada

---

21 Como refere RAPOSO, Vera Lúcia. "O dilema do rei Salomão: conflitos de vontade quando ao destino dos embriões excedentários", cit., p. 61.
22 Na doutrina norte-americana denominado de *disposition agreement*.
23 No mesmo sentido, RAPOSO, Vera Lúcia. "O dilema do rei Salomão: conflitos de vontade quando ao destino dos embriões excedentários", cit., p. 63.
24 Não parece ser inteiramente acertado considerar um embrião *in vitro* pura e simplesmente como nascituro. É que o embrião implantado no útero de uma mulher já se encontra em pleno desenvolvimento celular. A outro giro, não parece ajustada a terminologia de conceptruo, já que o embrião ainda que *in vitro*, já foi concebido. Outra hipótese seria se referir a nascituro não implantado.
25 Seguimos de perto Vera Lúcia Raposo, já em outra oportunidade. Cfr. CHAVES, Marianna. "Algumas notas sobre os embriões excedentários", cit., p. 143.

parte em utilizar ou não os embriões, havendo uma prevalência do direito à não reprodução, em especial quando o desejo da outra parte for no sentido de destinar os embriões a terceiros; 3) todavia, se a pessoa que deseja utilizar os embriões não dispuser de forma alternativa de se reproduzir, o direito deste indivíduo em reproduzir-se deverá ter prevalência, tendo em vista que o projeto parental inicial teve o apoio de ambos os lados, mesmo daquela parte que agora se opõe à implantação.

4 – Os embriões criopreservados com mais de cinco anos poderão ser descartados se esta for a vontade dos pacientes. A utilização dos embriões em pesquisas de células-tronco não é obrigatória, conforme previsto na Lei de Biossegurança.

Segundo dados oficiais, apenas em 2015, foram congelados mais de 67 mil embriões. Desse total, apenas 48 embriões foram doados para pesquisas de células-tronco embrionárias. De acordo com a ANVISA, desde a aprovação da Lei de Biossegurança, foram doados 1.158 embriões para a realização de investigação com células-tronco.[26]

Na jurisprudência pátria já há decisões relativas ao descarte não consentido de embriões supostamente criopreservados:

> DANOS MORAIS – Pleito de indenização pela perda/descarte de pré-embriões criopreservados em Hospital Público – *Descarte ou perda, sem o consentimento do casal, que pretendia ter outro filho, por inseminação in vitro* – Documentos e informações técnicas a revelar que a criopreservação realmente aconteceu, mas não de quatro pré-embriões, mas de

---

26 Cfr. ANVISA. "9º Relatório Sistema Nacional de Produção de Embriões", cit., pp. 2-4.

dois pré-embriões, uma vez que estavam no estágio de desenvolvimento (blastocisto inicial) próprio para o congelamento – Prova testemunhal que não infirmou os documentos apresentados – Valor pleiteado, no entanto, que ora é reduzido a R$20.000,00 (vinte mil reais – Sentença de improcedência reformada – Recurso parcialmente provido. (TJSP, 3ª Câm. de Direito Público, APL 2126606720088260000 SP 0212660-67.2008.8.26.0000, Rel. Des. Antônio Carlos Malheiros, j. 07/08/2012).

VI

DIAGNÓSTICO GENÉTICO PRÉ-IMPLANTAÇÃO DE EMBRIÕES

1 – As técnicas de RA podem ser utilizadas aplicadas à seleção de embriões submetidos a diagnóstico de alterações genéticas causadoras de doenças – podendo nesses casos serem doados para pesquisa ou descartados.

Esse tipo de conduta ou procedimento "eugênico" não é tão antinatural como pode parecer em um primeiro momento. Na espécie humana, os embriões apresentam diversas anomalias genéticas em 70% das tentativas primeiras para engravidar. Nesses casos, a mulher pensa – ao ter o seu ciclo menstrual – que simplesmente não engravidou, mas na realidade sofreu um "abortamento natural e espontâneo de defesa",[1] quando o útero simplesmente recusou a implantação desse embrião anômalo.

Na Resolução do CFM ainda está prevista a possibilidade de recurso ao diagnóstico genético pré-implantação (DGPI), que é um dos possíveis diagnósticos pré-natais, constituindo uma alternativa ao diagnóstico pré-natal clássico, com a peculiaridade de ter por objeto embriões existentes no exterior do ventre materno. Testes genéticos criaram oportunidades, mas

---

1 SOUSA, Mário. "Casos clínicos em reprodução medicamente assistida", *In: A Condição Humana/* Fundação Luso-Americana para o Desenvolvimento. Alfragide: Dom Quixote, pp. 37-51, 2009, p. 37.

também dilemas para uso nos centros de saúde privada assim como nos sistemas de saúde pública.

Veja-se nesse exemplo trazido pelo Tribunal de Justiça de São Paulo: o DGPI por "Microarray possibilita investigar simultaneamente milhares de sequências genômicas, o que torna o risco de problema genético no feto muito reduzido, menor até mesmo do que uma gestação por métodos convencionais". Se, por um lado, a "técnica permite investigar simultaneamente milhares de sequências genômicas para a detecção de ganhos (duplicações) e perdas (deleções) de seguimentos cromossômicos nos 24 cromossomos no equipamento *GenChip Scaner 3000*", há limitações e probabilidade de falhas:

> Limitações do teste: O resultado do exame não elimina a possibilidade de alterações gênicas (de herança monogência) ou malformações congênitas não suspeitadas ou conhecidas na ocasião deste exame.
> Taxa de acerto: 95,3%: Esta taxa é devida ao índice de mosaicismo encontrado ou fatores técnicos, como perda de material nuclear ou falha de hibridação. É recomendado diagnóstico pré-natal através de punção e análise de células das vilosidades coriônicas (12-14 semanas) ou células amnióticas (15 semanas em diante).[2]

A sequenciação do genoma humano e avanços em áreas como genômica e bioinformática trouxeram novos procedimentos diagnósticos e terapêuticos. Os EUA e alguns países europeus aprovaram legislações sobre a discriminação que os testes genéticos podem causar.[3] Conforme tecnologias de tes-

---

2 TJSP, 10ª C. de Dir. Público, AI 21757748820158260000 SP 2175774-88.2015.8.26.0000, Rel.ª Des.ª Teresa Ramos Marques, j. 01/09/2015).

3 No Brasil, o DGPI não surgiu imune a críticas. Para Maria Helena Diniz, "o *eugenismo* é a forma ideológica e utópica da eugenética, ou melhor, a convicção da possibilidade de substituição dos maus genes pelos bons, criando uma nova espécie de humanidade livre de sofrimento e doenças hereditárias (...). Com isso veio a inaugurar a prática do *screening* genético pré-natal para obter informações sobre anomalias hereditárias por meio da análise do

tes genéticos avançam, diretrizes nacionais e internacionais tentam preparar e educar os profissionais de saúde para prescrever esses testes e interpretar seus resultados.[4]

Como adverte Vera Lúcia Raposo,[5] embora não funcione (ainda) como garantia absoluta de um filho saudável, certo é que atualmente é factível afastar uma série de doenças críticas, tais como as diversas aneuploidias[6] (síndrome de Down ou trisomia 21; síndrome de Patau, trisomia 13;[7] síndrome de Edwards, trisomia 18;[8] síndrome de Klinefelter, caracteri-

---

mapa genético da pessoa para a tomada de decisões sobre o futuro feto ou sobre se seria conveniente ou não ter filhos, atingindo assim a ´saúde perfeita´, que pretende refutar a fatalidade da doença e da morte pela eliminação de indivíduos tidos como inaptos física ou mentalmente. (...) Desse modo surge o *espectro do eugenismo*, ou de um biopoder, que, na verdade, ao buscar o ser humano perfeito, coisificando-o, constitui um Jano de duas faces, ressuscitando uma medicina sem humanidade, como aquela que, na época do nazismo, propugnava as práticas eugenistas em busca da pureza da raça ariana". DINIZ, Maria Helena. *O estado atual do biodireito*, cit., p. 494.

4   Cfr. KATZ, Gregory; SCHWEITZER, Stuart O. "Implications of Genetic Testing for Health Policy", In: *Yale Journal of Health Policy, Law, and Ethics*, Vol. 10, nº 1, pp. 90-134, 2010, p. 92.

5   RAPOSO, Vera Lúcia. "Pode trazer o menu, por favor? Quero escolher o meu embrião – Os múltiplos casos de selecção de embriões em sede de diagnóstico genético pré-implantação", cit., pp. 59-60.

6   Denomina-se por aneuplóide, "uma célula eucariota que não possui o número de cromossomas característico da sua espécie". LE DOUARIN, Nicole. *Quimeras, clones e genes*, cit., p. 466.

7   De acordo com precedente do Tribunal de Justiça do Mato Grosso que autorizou a IVG de um feto com a anomalia, trata-se de uma doença relativamente rara, que" acarreta a morte no primeiro mês de existência em 44 % dos casos ou até os seis meses de idade em 69 %, sendo que, na hipótese de sobrevivência, os indivíduos por ela atingidos apresentam oligofrenia acentuada e convulsões frequentes". (TJMT, 6ª C. Cível, AC 103570/2013, Rel.ª Des.ª Juracy Persiani, j. 11/09/2013).

8   Anomalia cuja gravidade vem fundamentando diversas autorizações de interrupção voluntária da gravidez ou antecipação do parto. De acordo com julgado do Tribunal de Justiça de São Paulo: "a anomalia é caracterizada "por malformações múltiplas, retardo mental grave e redução acentuada

zada pela existência de dois cromossomos X, criando o trípeto XXY; síndrome de Turner, que pressupõe a inexistência de um cromossomo sexual, o que deixa o cromossoma X sozinho), constatadas por meio de rastreio, técnica que permite investigar o número de cromossomos (21, 18, 13, X e Y) dos embriões disponíveis, de maneira a utilizar somente aqueles que não evidenciam mutações cromossômicas, para assim reforçar a proporção de sucesso da RA e concomitantemente reduzir o número de embriões implantados a cada ciclo.

É importante ressaltar que o DGPI não surge sem desafios e complicações. Muitas vezes, os próprios médicos não compreendem completamente os resultados de um teste genético ou não estão bem treinados relativamente à comunicação dos resultados encontrados aos pacientes. Além disso, embora a maioria dos testes genéticos existentes examinem distúrbios e patologias que surgem a partir da mutação de um único gene, a grande maioria de condições hereditárias e características resultam das interações de múltiplos genes ou entre os genes e o ambiente.[9]

Uma dessas complicações é o mosaicismo embrionário, que ocorre quando duas ou mais populações de células com diferentes genótipos estão presentes no mesmo embrião. Novas técnicas de diagnóstico para triagem genética de pré-implantação, como a próxima geração de sequenciamento, levaram a um aumento de notificação do mosaicismo.

---

da expectativa de vida [...]. Trissomia do cromossomo 18 é frequentemente observada em estudos cariotípicos de abortos espontâneos de primeiro trimestre, e a possibilidade de óbito fetal entre os portadores de trissomia 18 é de 43,0% [...]. A mortalidade é esperada em todas as crianças em decorrência do retardo somático e neuro-motor profundo, sendo assim considerada uma anomalia do tipo letal". (TJSP, 12ª Câmara de Direito Criminal, MS 21075968720158260000 SP 2107596-87.2015.8.26.0000, Rel. Des. Vico Mañas, j. 29/07/2015).

[9] Neste sentido, ver KING, Jaime S. "And Genetic Testing for All – The Coming Revolution in Non-Invasive Prenatal Genetic Testing", cit., p. 601.

A interpretação do mosaicismo é complicada porque a transferência de alguns embriões mosaico resultou em nascimentos vivos. Os embriões mosaico podem representar uma terceira categoria entre normal (euploidia) e anormal (aneuploidia). Esta categoria de embriões pode ser caracterizada por diminuição do potencial de implantação e gravidez, bem como aumento do risco de anormalidades genéticas e resultados adversos da gravidez. Os embriões euplóides devem ter preferência na transferência em relação aos embriões mosaico. A transferência de embriões mosaico com trissomias 2, 7, 13, 14, 15, 16, 18 e 21 pode representar o maior risco de ter uma criança afetada com uma síndrome de trisomia.

Contudo, a transferência de embriões com mosaicos de monossomias ou outras trissomias não são desprovidas de risco. Os pacientes devem ser aconselhados sobre o risco de monosomias ou trissomias não detectadas dentro de uma amostra de biópsia, bem como o risco de morte fetal intrauterina ou disomia uniparental com a transferência de embriões mosaico. Assim, os pacientes devem ser encorajados a submeterem-se a outro ciclo para obter embriões euploides, ao invés de transferir um embrião mosaico, como indicam os estudos mais recentes na matéria.[10]

Os hospitais, clínicas e centros de reprodução humana assistida que desejem aplicar métodos de DGPI devem possuir ou associar-se a equipe multidisciplinar que inclua especialistas em medicina reprodutiva, geneticistas, embriologistas, citogeneticistas e geneticistas moleculares.[11]

Por fim, pode-se suscitar a questão da utilização do DGPI. A Resolução do CFM não esclarece se o recurso ao diagnóstico é livre ou se estará subordinado a determinados critérios. Na

---

10   SACHDEV, Nidhee M. *et al.* "Diagnosis and clinical management of embryonic mosaicism". Disponível em: http://dx.doi.org/10.1016/j.fertnstert.2016.10.006 Acesso em: 16/11/2016.

11   A Lei de Procriação Medicamente Assistida de Portugal possui essa determinação expressa no art. 28º, nº 4.

ausência de indicações claras pela resolução, parece-nos que o DGPI estará sempre autorizado, restringindo-se, todavia, à investigação relacionada a anomalias genéticas, não se prestando como mecanismo de escolhas fúteis (como altura, cor dos olhos, etc.) relativamente a determinadas características genéticas.

2 – As técnicas de RA também podem ser utilizadas para tipagem do sistema HLA do embrião, no intuito de selecionar embriões HLA-compatíveis com algum(a) filho(a) do casal já afetado pela doença e cujo tratamento efetivo seja o transplante de células-tronco, de acordo com a legislação vigente.

Trata-se da denominada – e controversa – técnica do "bebê-medicamento" ou *"savior sibling"*,[12] criado para ser geneticamente compatível com um irmão que sofra de grave patologia cuja cura ou tratamento importe em um transplante de células ou órgãos, que só será possível por meio da pessoa que irá nascer.

Assim, o "bebê-remédio" surge, em regra, quando um casal se depara com a morte eminente de um filho e numa tentativa desesperada de evitar o pior, decidem ter outra criança, portadora de igual patrimônio genético, cujos tecidos serão com-

---

12 *"The progress of research techniques on embryos, such as PGD, historically developed to address concerns related to major genetic disorders and disabilities, is increasingly being used for other purposes that can be achieved through genetic selection of offspring. Such purposes include sex selection of the future child according to personal preferences or socially determined choice, or the desire to "create" a child whose genetic tissue composition is compatible with the one of an existing sick child who needs cell/tissue donation (also known as 'tissue-matching sibling' or 'saviour sibling')"*. STEINER, Elisabeth; ROSU, Andreea Maria. "Medically Assisted Reproductive Technologies (ART) and Human Rights – European Perspective", cit., p. 342.

patíveis com os do irmão e permitirão ser transplantados com menor ou nenhum risco de rejeição.[13]

Nesse cenário, são descartados não apenas os embriões doentes ou inviáveis, mas também aqueles que "não sejam histocompatíveis com a pessoa relativamente à qual funcionarão como dadores".[14]

O Tribunal de Justiça do Piauí já reconheceu o dever do Estado em custear tratamento de Fertilização *in vitro* com recurso à tipagem HLA (*Human Leukocyte Antigen*) no intuito de salvar uma jovem de 14 anos, acometida por anemia falciforme (doença reconhecida pela ONU com uma das principais moléstias genéticas do mundo):[15]

> AGRAVO REGIMENTAL. DECISÃO CONCESSIVA DE LIMINAR EM MANDADO DE SEGURANÇA. FERTILIZAÇÃO *IN VITRO*. PROCEDIMENTO QUE OBJETIVA A SELEÇÃO DE EMBRIÃO SADIO E GENETICAMENTE COMPATÍVEL PARA FINS DE TRANSPLANTE DE MEDULA ÓSSEA. *Medida curativa de paciente portadora de anemia falciforme. Plausibilidade do pedido. Proteção à dignidade da pessoa humana e, de forma mediata, à saúde da filha dos impetrantes. Periculum in mora demonstrado. Relativização da regra contida no art. 273, §2º do CPC. Alegações de incompetência absoluta da justiça estadual, ilegitimidade passiva do Estado do Piauí, necessidade de citação dos litisconsortes passivos necessários (União e Município de Teresina, ofensa aos princípios da separação dos poderes e da reserva do possível. Questões pacificadas pelas Súmulas 01, 02 e 06 e pela robusta jurisprudência desta Corte de Justiça. Rejeição.*

---

13 Cfr. RAPOSO, Vera Lúcia. "Pode trazer o menu, por favor? Quero escolher o meu embrião – Os múltiplos casos de selecção de embriões em sede de diagnóstico genético pré-implantação", cit., p. 71

14 RAPOSO, Vera Lúcia. *O direito à imortalidade*, cit., p. 941.

15 "É uma doença incapacitante que provoca grande sofrimento e que, sem a devida assistência, diminui para menos de 50% a sobrevivência até à adolescência, calculando-se que em África mais de metade das crianças afectadas provavelmente vai morrer antes dos 5 anos". Cfr. http://www.anemiafalciforme-angola.org Acesso em: 03/04/2017.

Decisão mantida. Agravo improvido. (TJPI, Tribunal Pleno, MS 2015.0001.002738-0, Rel. Des. Erivan José da Silva Lopes, j.10/03/2016).

O Tribunal de Justiça de São Paulo já condenou um plano de saúde a ressarcir os gastos dos pais com o tratamento de uma criança que teve uma irmã "salvadora" em razão de talassemia major ou anemia de Cooley:

> Apelação. Plano de saúde. Obrigação de fazer cumulado com pedido de indenização por danos materiais. *Autora, diagnosticada com talassemia major (tipo de anemia crônica), necessitada de realizar cirurgia de transplante de células-tronco hematopoiéticas (TCTH) alogênico aparentado (doadora irmã: cordão umbilical mais material coletado de medula óssea)*, com sequencial acompanhamento clínico no Hospital Sírio Libanês. *Doadora das células-tronco, a irmã da coautora Maria Vitória, foi objeto de processo de fertilização in vitro, com aplicação da técnica de selecionamento genético, para descobrir qual dos embriões não estaria geneticamente acometido da patologia que afeta a coautora.* Alegados ineditismo e especificidade da cirurgia e do acompanhamento clínico e ambulatorial, somente realizados naquele nosocômio, em detrimento da incapacidade e precariedade dos serviços médicos hospitalares da rede da Unimed Piracicaba. Reembolso apenas parcial pela operadora do plano. Sentença de improcedência. Inconformismo da autora. Provimento. Sentença reformada para procedência dos pedidos iniciais. 1. Suprimida a livre escolha da usuária, que necessitava do tratamento singular prestado por equipe médica multidisciplinar capacitada que não está conveniada ao seu plano de saúde, e não demonstrada pela operadora do plano de saúde que existia disponível, na rede credenciada, alternativa técnica plausível, compete à ré custear integralmente com o tratamento dispensado à parte autora, restando afastada a disciplina de limitação de reembolso prevista no contrato, exclusiva para casos em que se permita ao usuário realizar livre escolha de procedimentos externos à rede credenciada. 2. Recurso dos autores Maria Vitória e Eduardo provido. (TJSP, 9ª C. de Direito Privado, AC 10748570620148260100 SP 1074857-06.2014.8.26.0100, Rel. Des. Piva Rodrigues, j. 07/03/2017).

Os críticos desta técnica costumam suscitar uma instrumentalização ou coisificação do embrião humano para servir como medicamento para terceira pessoa. É preciso ressaltar que o embrião humano não é pessoa e salvar a vida de um semelhante, mormente sendo um familiar tão próximo, nos parece um motivo nobre e legítimo o suficiente para autorizar a manipulação genética, de maneira que o bebê seja compatível com o seu colateral.

3 – O tempo máximo de desenvolvimento de embriões in vitro será de 14 dias.

O pré-embrião ou embrião pré-implantação é o embrião constituído *in vitro* formado pelo grupo de células resultantes da divisão progressiva do ovócito de que é fecundado, até 14 dias mais tarde. Note-se que toda a discussão presente neste estudo gira em torno dos embriões *in vitro* que, de acordo com o disposto na Resolução do CFM, terão um tempo máximo de desenvolvimento de 14 dias. Optamos por alinhar à doutrina de Vera Raposo, que diverge da ideia do pré-embrião e utiliza a terminologia "embrião pré-implantatório".[16]

É um consenso mais ou menos antigo que os embriões não são nem pessoas nem meros tecidos, mas uma forma muito precoce da vida humana e, como tal, destinatários de um respeito especial. Especificamente, há uma concordância internacional com a regra de 14 dias, que especifica que as experiências com embriões humanos não devem permitir que eles se desenvolvam além de 14 dias. E isso tem uma razão.

Catorze dias é quando a linha primitiva (*primitive strake*), a precursora da coluna vertebral e do sistema nervoso, aparece. A sua posição assinala "o eixo antero-posterior do futuro

---

16   RAPOSO, Vera Lúcia. *O direito à imortalidade*, cit., p. 416.

embrião".[17] Isso é de extrema relevância pela conexão entre o sistema nervoso central e a senciência, a capacidade de experimentar prazer ou dor.[18]

Logo que a linha primitiva surge, vão sendo adicionadas células à sua extremidade e o processo notocordal incrementa-se pela migração de células do nó primitivo (conforme a linha primitiva se alarga pelo acréscimo de células à sua extremidade caudal, sua margem cranial alastra-se, para formar o nó primitivo). A evolução da notocorda e a mesoderme contígua provocam a ectoderme embrionária que está por cima a formar a placa neural, o exórdio do SNC.[19] O embrião pré-implantatório, portanto, ainda não agrega todos os caracteres que "dão corpo a um indivíduo humano".[20]

---

17 LE DOUARIN, Nicole. *Quimeras, clones e genes*, cit., p. 474.
18 Cfr. STEINBOCK, Bonnie. "SHEEFs, Sentience, and the 14-Day Rule". Disponível em: http://www.bioethics.uniongraduatecollege.edu/blog/6672/SHEEFs-Sentience-and-the-14-Day-Rule Acesso em: 31/03/2017.
19 Para maiores desenvolvimentos sobre a matéria, ver MOORE, Keith L. *et al. Embriologia clínica*. 10. ed. Rio de Janeiro: Elsevier, 2016, pp. 52-58.
20 RAPOSO, Vera Lúcia. *O direito à imortalidade*, cit., p. 416.

VII

SOBRE A GESTAÇÃO DE SUBSTITUIÇÃO (DOAÇÃO TEMPORÁRIA DO ÚTERO)

> As clínicas, centros ou serviços de reprodução assistida podem usar técnicas de RA para criarem a situação identificada como gestação de substituição, desde que exista um problema médico que impeça ou contraindique a gestação na doadora genética ou em caso de união homoafetiva.

No caso dos casais heterossexuais, das mulheres solteiras ou dos casais de lésbicas, o recurso à gestação de substituição está condicionado à impossibilidade médica de que a beneficiária possa levar a gravidez à cabo. Nesses casos, portanto, a gestação de substituição assume um caráter subsidiário.

Para uma outra parcela dos cidadãos, como os homens solteiros e os casais homossexuais masculinos, a possibilidade de exercer a parentalidade está dependente do acesso à gestação de substituição. Negar esse acesso na hipótese de uniões homoafetivas vilipendiaria uma série de princípios constitucionais, em uma lógica de exclusão injustificada, revelando intolerância e iniquidade. Não há uma justificativa coerente e razoável para se permitir o amplo acesso às técnicas de PMA pelas mulheres, independentemente da orientação sexual, e se negar essa permissão aos homens, ocorrência em que os princípios da igualdade e da não discriminação em razão de gênero são fortemente afetados. Portanto, foi acertada a opção da Resolução 2.121/2015.

Obrigar que um homem homossexual deva, forçosamente, manter relações sexuais com uma mulher para iniciar uma gestação viola o seu direito fundamental à orientação sexual e, consequentemente, vilipendia a sua liberdade e a sua dignidade. A ideia de alternatividade só existe quando for possível à pessoa reproduzir através de relação sexual sem riscos clínicos ou sem "comprometer drasticamente opções básicas de vida".[1]

Não havia motivação lógica e sólida – em termos científicos, legais e éticos[2] – para afastar os homens solteiros e os casais de *gays* do âmbito da PMA e da gestação de substituição. Sendo a reprodução um direito fundamental, qualquer norma que o restrinja deve vir acompanhada da indicação do interesse público diretamente relacionado a essa restrição.[3]

1 – As doadoras temporárias do útero devem pertencer à família de um dos parceiros em parentesco consanguíneo até o quarto grau (primeiro grau – mãe; segundo grau – irmã/ avó; terceiro grau – tia; quarto grau – prima). Demais casos estão sujeitos à autorização do Conselho Regional de Medicina.

O Conselho Regional de Medicina de São Paulo (Resolução nº 232/2011) apreciará os pedidos de autorização para o re-

---

1 RAPOSO, Vera Lúcia. *O direito à imortalidade*, cit., p. 730. A título exemplificativo, pode-se indicar a opção de uma mulher de recorrer à gestação de substituição única e exclusivamente para não sofrer as alterações corporais produzidas por uma gravidez.

2 Vera Raposo já fazia tal crítica à época em que as mulheres solteiras e os casais de lésbicas também estavam impedidos de aceder à procriação medicamente assistida. RAPOSO, Vera Lúcia. "Em nome do pai (... da mãe, dos dois pais, e das duas mães)", *In: Lex Medicinae* – Revista Portuguesa de Direito da Saúde, ano 4, nº 7, pp. 37-51, 2007, p. 51.

3 HOLLAND, Michelle Elizabeth. "Forbidding Gestational Surrogacy: Impeding the Fundamental Right to Procreate", *In: UC Davis Journal of Juvenile Law and Policy*, vol. 17, nº 2, 1-28, 2013, p. 13.

curso à gestação de substituição que apresentem desvios ao requisito de parentesco, mediante alguns pressupostos.

Requer-se que o termo de Consentimento Informado firmado pelo casal e pela gestante de substituição contenha a indicação: dos aspectos biológicos, psicológicos e sociais envolvidos no ciclo gravídico-puerperal; dos riscos inerentes à maternidade; a impossibilidade de interrupção voluntária da gravidez, exceto nos casos previstos em lei ou autorizados judicialmente; da garantia de tratamento e acompanhamento médico, inclusive por equipes multidisciplinares, se necessário, à mulher que cederá temporariamente o útero, até o puerpério; de que a gestação de substituição não possui caráter lucrativo ou comercial, nem mesmo em caráter de ressarcimento; da garantia do registro civil da criança pelo casal beneficiário (pais genéticos), devendo esta documentação ser providenciada durante a gravidez.

O CREMESP requer ainda descrição pormenorizada pelo médico assistente, por escrito, dos aspectos médicos relativos a todas as circunstâncias da aplicação de uma técnica de Reprodução Assistida, informando dados de caráter biológico, jurídico, ético e econômico, bem como os resultados já obtidos naquela unidade de tratamento com a técnica a ser utilizada.

Deverá ser apresentado também um relatório médico com o retrato psicológico da futura gestante de substituição, certificando sua adequação clínica e emocional para fazer parte do processo. Se ela for casada ou viver em união estável, também deverá ser apresentada a anuência – por escrito – do marido ou do companheiro. Além desses documentos, deve ser estabelecido um contrato entre o casal e a hospedeira relativamente à filiação da criança que irá nascer. Apenas quando atendidas essas exigências, o CRM de São Paulo analisa pedidos de gestação de substituição em que a hospedeira não é parente de um dos membros do casal.

No Parecer nº 8/2015, o Conselho Regional de Medicina do Amazonas autorizou – mediante a apresentação de documentos análogos ao exigido na Resolução do CREMESP – a gestação de substituição levada a cabo por mulher sem relação de parentesco com o beneficiário. No Processo Consulta nº

3.491/06 – Parecer CFM nº 7/06 – foi permitida a gestação de substituição por pessoa não parente uma vez verificado que a motivação era "claramente afetiva". De igual maneira, se posicionou o Conselho Regional de Medicina de Goiás:

> A técnica de reprodução assistida na modalidade de útero de substituição poderá ser realizada após aprovação dos Conselhos Regionais, em *pessoas que não tenham parentesco até quarto grau, desde que não exista vantagem comercial entre a doadora temporária do útero e a doadora genética*. (CREMEGO, Processo Consulta nº 09/2015, Parecer nº 02/2016, Rel. Cons. Waldermar Naves do Amaral, j. 04/11/2015).
>
> A técnica de reprodução assistida na modalidade de útero de substituição poderá ser realizada após aprovação dos Conselhos Regionais, em pessoas que não tenham parentesco até quarto grau, desde que não exista vantagem comercial entre a doadora temporária do útero e a doadora genética, nem risco adicional para primeira por doença pré-existente. (CREMEGO, Processo Consulta nº 05/2015, Parecer nº 05/2015, Rel. Cons. Aldair Novato Silva, 01/06/2015).
>
> A autorização para a utilização de procedimento de útero de substituição, em que a doadora temporária do útero não faz parte da família dos solicitantes até quarto grau, conforme determina a Resolução CFM Nº 2013/2013, é possível desde que não haja vínculo comercial entre os solicitantes e a doadora do útero ou qualquer outra vantagem decorrente desta relação. (CREMEGO, Processo Consulta nº 06/2014, Parecer nº 13/2014, Rel. Cons. Aldair Novato Silva, 28/07/2014).

Importa referir que alguma doutrina se manifesta contrariamente à exigência de parentesco entre a gestante de substituição e um dos doadores genéticos. Afirma-se que nos contratos de gestação intrafamiliar intergeracionais não seria incomum a presença da coerção para que mulheres mais jovens fossem as hospedeiras para parentes mais velhas.[4] Também há

---

4 Essa é a opinião de KOERT, Emily; DANILUK, Judith C. "Psychological and Interpersonal Factors in Gestational Surrogacy", *In: Handbook of Gesta-*

quem considere que a pressão exercida pelo parentesco seria ainda mais forte do que a pressão originária da dependência econômica.⁵

2 – A doação temporária do útero não poderá ter caráter lucrativo ou comercial.

Pode-se entender a gestação de substituição⁶ como sendo o acordo por meio do qual uma mulher se compromete a gerar uma criança e ulteriormente entregá-la a outra mulher, a um homem ou a um casal de homens, renunciando a todos os direitos-deveres parentais, inclusive a classificação jurídica de "mãe".⁷

---

tional Surrogacy – International Clinical Practice and Policy Issues/E. Scott Sills (editor). Cambridge: Cambridge University Press, pp. 70-77, 2016, p. 71.

5   RAPOSO, Vera Lúcia. "Tudo aquilo que você sempre quis saber sobre contratos de gestação (mas o legislador teve medo de responder)", *In: Revista do Ministério Público,* vol. 149, pp. 9-51, 2017, p. 41, nota 52.

6   Optou-se por abandonar a expressão "maternidade de substituição" outrora utilizada, em razão da percepção de que aquela que gera uma criança por outrem não possui qualquer intenção de exercer a maternidade, que deve ser enxergada como uma opção e não como um instinto natural que segue todo e qualquer parto. Tampouco nos parece adequada a expressão "doação temporária do útero", tendo em vista que a doação de um órgão do corpo humano jamais poderia ser temporária. Pode-se falar em doação de útero na hipótese de um transplante, mas não parece que essa doação possa ser reputada como temporária. Da mesma maneira que ninguém recebe um coração, uma córnea ou um rim doados "temporariamente", o mesmo se aplica ao útero. Assim, pode-se falar em cessão temporária, mas não em doação temporária.

7   Em sentido análogo, ver RAPOSO, Vera Lúcia. *De mãe para mãe*: questões legais e éticas suscitadas pela maternidade de substituição. Coimbra: Coimbra Editora, 2005, p. 13.

Existem dois tipos de contratos de gestação de substituição: o tradicional[8] e por FIV.[9] A modalidade tradicional envolve uma mulher artificialmente inseminada com o esperma de um doador ou do futuro pai.

O contrato de gestação por FIV[10] diz respeito a um procedimento pelo qual os embriões são criados *in vitro* e posteriormente implantados no útero da hospedeira. Esses embriões podem ter sido criados usando os gametas dos pais de intenção ou através do recurso a óvulos e/ou esperma de doadores. Tal modalidade também se verifica na hipótese de adoção de embriões excedentários de outros casais.

Embora a gestação de substituição tradicional seja menos onerosa e apresente menos complicações médicas, a versão por FIV é mais comum e mais aceita.[11] As restrições à modalidade tradicional referem-se às probabilidades superiores de incumprimento contratual da parte da gestante.[12] Considera-se que, pelo fato de a mulher estar geneticamente ligada ao bebê que carrega no seu ventre, haveria uma maior expectativa de

---

8   Em língua inglesa, denominada de *traditional surrogacy, natural surrogacy* ou *partial surrogacy*.

9   Em língua inglesa, denominada de *gestational surrogacy, IVF surrogacy* ou *full surrogacy*.

10   Alguma doutrina indica que a terminologia *gestational surrogacy* estaria equivocada pelo fato de que mesmo a versão tradicional também implica em uma gestação por outrem. Nesse sentido, ver WELSTEAD, Mary. "International Surrogacy: Arduous Journey to Parenthood", *In: Journal of Comparative Law*, vol. 9, nº 1, 298-338, 2014, p. 301.

11   Estima-se que, na atualidade, apenas 1% dos negócios de gestação em substituição sejam da modalidade tradicional. WHETSTINE, Leslie M.; BEACH, Bradley G. "Surrogacy's Changing Social Profile", *In: Handbook of Gestational Surrogacy* – International Clinical Practice and Policy Issues/E. Scott Sills (editor). Cambridge: Cambridge University Press, pp. 33-40, 2016, p. 33.

12   Importa ressaltar, todavia, que estudos sugerem que 99% das mulheres que gestam crianças por outrem entregam os bebês sem quaisquer relutâncias ou arrependimentos, como indica CASCÃO, Rui. "The Challenges of International Commercial Surrogacy: From Paternalism towards Realism", *In: Medicine and Law*, vol. 35, nº 2, pp. 151-164, 2016, p. 156.

que ela pudesse vincular-se à criança durante a gravidez e dificultar a entrega aos pais de intenção após o nascimento. Foi exatamente o caso do *Baby M*.[13]

A ausência de onerosidade é, inclusive, fundamento para a autorização de gestação de substituição em pessoas que não sejam parentes de um dos doadores genéticos:

> Os CONSELHOS REGIONAIS DE MEDICINA tem a prerrogativa de autorizar os casos de reprodução assistida que não estão contemplados na resolução CFM – 1957/2010, *desde que não se caracterize relação comercial de remuneração entre a doadora genética e aquela que cede temporariamente o útero*. (CREMEGO, Processo Consulta nº 11/2012, Parecer nº 02/2013, Rel. Cons. Aldair Novato Silva, 18/03/2013).

Todavia, na ocorrência de uma gestação de substituição tradicional, ou seja, genética, por ato sexual ou auto inseminação, não estará em causa qualquer ato médico sujeito às normas do Conselho Federal de Medicina. Além disso, é preciso ressaltar que a legislação brasileira não permite e nem proíbe os contratos de gestação de substituição, a título gratuito ou oneroso.

Na ausência de legislação específica sobre as técnicas de PMA, algumas questões podem ser suscitadas: na hipótese de celebração de um contrato gratuito de gestação de substituição, o negócio celebrado é válido? A obrigatoriedade do cumprimento nos termos pactuados poderia ser sustentada com base na Resolução do Conselho Federal de Medicina, sem qualquer espaço para arrependimentos[14] ou brechas numa lógica de *pacta sunt servanda*?

---

13 Cfr. STRASSER, Mark. "Tradition Surrogacy Contracts, Partial Enforcement, and the Challenge for Family Law", In: *Journal of Health Care Law and Policy*, vol. 18, nº 1, pp. 85-114, 2015, p. 88.

14 Nomeadamente uma eventual resistência ou desistência da hospedeira de entregar a criança aos pais de intenção, ou ainda de os pais de intenção desistirem do projeto parental – em virtude da detecção de alguma patologia grave no bebê, mas que não autorize a interrupção da gravidez, como síndrome de Down, que já foi motivo de abandono de bebês oriundos de PMA em casos amplamente noticiados na mídia internacional.

Na hipótese de celebração de um contrato oneroso?[15] Ele seria imediatamente considerado nulo com base nas normas do CFM ou da legislação infraconstitucional? A resposta não parece ser absolutamente clara e pode descambar para qualquer lado, a depender da visão do magistrado, posto que o direito civil brasileiro não admite e nem tampouco proíbe esses negócios jurídicos, seja a título gratuito ou oneroso, ao contrário de outros ordenamentos.[16]

Em Portugal, Fernando Araújo se manifesta favoravelmente aos contratos de gestação de substituição a título oneroso. Para o professor da Universidade de Lisboa, o "aluguel" do útero não configuraria uma exploração unilateral ou danosa, e traria benefícios para ambas as partes. Argumenta ainda que a noção de que tal aluguel só seria permitido pela portadora em virtude de um estado de necessidade é uma ideia que poderia se alargar para todas as atividades que os indivíduos somente aceitam por não

---

15 O fato da Resolução do Conselho Federal de Medicina indicar que é proibida a gestação de substituição não quer dizer muita coisa aos usuários das técnicas. É que apenas os médicos estão submetidos às Resoluções do CFM que, em caso de descumprimento, poderão acarretar em sanções estipuladas pela própria autarquia. O Código de Ética Médica (Resolução 1.931/2009 do CFM) estabelece no Art. 15 que é vedado ao médico descumprir legislação específica nos casos de transplantes de órgãos ou de tecidos, esterilização, fecundação artificial, abortamento, manipulação ou terapia genética. Só que a Resolução 2.121/2015 do CFM não constitui legislação específica. São diretrizes deontológicas que vinculam somente os médicos e os serviços de saúde. Além disso, na hipótese de uma gestação de substituição tradicional, não estará em causa qualquer ato médico, não sendo aplicáveis as normas do CFM, a não ser que a gravidez seja fruto de uma inseminação artificial.

16 Por exemplo, a Lei de Procriação Medicamente Assistida de Portugal estabelece que são nulos os negócios jurídicos onerosos de gestação de substituição. Além disso, a legislação portuguesa tipifica criminalmente a prática da maternidade de substituição comercial. Serão penalmente punidos tanto as mulheres que celebrarem contratos onerosos para carregar os filhos de terceiros, como quem promover, por qualquer meio, designadamente através de convite direto ou por interposta pessoa, ou de anúncio público, gestação de substituição a título oneroso. Também cometem crimes aqueles que recorrerem à gestação de substituição gratuita que configure desvios à Lei de PMA.

serem mais abastados do que são. Por fim, indica que a consideração de ser menos condenável a venda de semên do que o aluguel do útero introduz um elemento de discriminação sexista.[17]

Rodrigo da Cunha Pereira também se manifesta de forma contundente em favor da gestação de substituição onerosa. Opina no sentido de que a regulação da modalidade onerosa evitaria extorsões, clandestinidade e até mesmo a denominada "indústria da barriga de aluguel". Trazendo ideias parecidas com as esboçadas por Fernando Araújo em Portugal, afirma ser o corpo um "capital físico, simbólico e econômico", além de que a possibilidade do pagamento se daria na "mesma lógica que permite remunerar o empregado no fim do mês pela sua força de trabalho, despendida muitas vezes em condições insalubres ou perigosas" e na maior parte das vezes considerado normal. Terminar por advertir que não se estaria alugando ou comprando um bebê, mas somente dispondo temporariamente de um espaço (útero) para que ele possa ser gerado.[18]

O §4º do Art. 199 da Constituição Federal afirma que a lei prescreverá sobre as condições e os requisitos que facilitem a remoção de órgãos, tecidos e substâncias humanas para fins de transplante, pesquisa e tratamento, assim como a coleta, processamento e transfusão de sangue e seus derivados, sendo proibido todo tipo de comercialização. A Carta Magna, portanto, remete à legislação específica, sendo esse dispositivo um daqueles de eficácia limitada e aplicabilidade dependente de legislação infraconstitucional.[19]

---

17   ARAÚJO, Fernando. *A procriação assistida e o problema da santidade da vida*. Coimbra: Almedina, 1999, pp. 29-31.

18   PEREIRA, Rodrigo da Cunha. *Dicionário de direito de família e sucessões*: ilustrado. São Paulo: Saraiva, 2015, pp. 711-712. Também se manifesta pela validade dos contratos de maternidade de substituição onerosos ABREU, Laura Dutra de. "A renúncia da maternidade: reflexão jurídica sobre a maternidade de substituição – principais aspectos nos direitos português e brasileiro", *In: Revista Brasileira de Direito das Famílias e Sucessões*, Vol. 11, Ago./Set. Porto Alegre: Magister, pp. 93-104, 2009, p. 102.

19   Cfr. SILVA, José Afonso da. *Comentário contextual à Constituição*, cit., p. 772.

No sistema jurídico brasileiro, a Lei nº 9.434/97 (Lei de Transplantes) dispõe sobre a remoção de órgãos, tecidos e partes do corpo humano para fins de transplante e tratamento e dá outras providências. Mas logo em seu Art. 1º, estabelece que a disposição gratuita de tecidos, órgãos e partes do corpo humano, em vida ou *post mortem*, para fins de transplante e tratamento, é permitida. Entretanto, o parágrafo único assevera que para os efeitos dessa lei, não estão compreendidos o sangue, o esperma e o óvulo.

A Lei nº 11.105/2005 (Lei de Biossegurança) estabelece seu Art. 5º, §3º ser vedada comercialização do material biológico a que se refere este artigo e sua prática implica o crime tipificado no Art. 15 da Lei nº 9.434/97, que expressamente pune a compra ou venda de tecidos, órgãos ou partes do corpo humano com pena de reclusão (de três a oito anos) e multa (200 a 360 dias-multa). Mas a própria Lei de Transplantes expressamente adverte que suas normas não se aplicam ao esperma e ao óvulo.

Sendo o embrião/feto um resultado da junção entre esperma e óvulo, estaria ele abrangido ou afastado do âmbito de aplicação da punição constante na legislação? Essa tormentosa pergunta evidencia a necessidade urgente e inafastável da criação de uma lei específica em matéria de procriação medicamente assistida que enfrente essas questões. A doutrina[20] é unânime sobre a necessidade premente de disciplina legislativa da procriação medicamente assistida, com o intuito de regulamentar a matéria e evitar que se façam exegeses equivocadas de outras legislações.

A depender da interpretação que se dê a esses dispositivos legais existentes, o contrato de gestação de substituição oneroso poderá ser considerado válido ou não. Na hipótese de se considerar que o embrião/feto estaria englobado nas disposições das legislações supramencionadas, o contrato deve ser

---

20 Neste sentido, ver NAMBA, Edison Tetsuzo. "Direito à identidade genética ou direito ao reconhecimento das origens e a reprodução assistida heteróloga", *In: Doutrinas essenciais* – Família e sucessões: direito de família/ Yussef Said Cahali; Francisco José Cahali (Orgs.). São Paulo: Editora Revista dos Tribunais, pp. 1385-1406, 2011, p. 1405.

considerado nulo, nos termos dos incisos, II e VII do Art. 166 do Código Civil.

Há ainda quem levante a invalidade do negócio com base no Art. 13 do Código Civil, mas tal ideia não parece se sustentar, já que a disposição do útero não acarretaria em qualquer diminuição permanente no corpo da mulher ou qualquer dano à sua integridade física. A questão dos bons costumes também deve ser afastada, já que se trata de um conceito jurídico indeterminado, que deve estar aberto às demandas sociais contemporâneas.[21]

Na ocorrência de se considerar que o feto/embrião não estaria abarcado na vedação da Lei nº 9.434/97, o contrato pode ser considerado válido, ainda que moralmente reprovável na visão de alguns, nos termos do Art. 5º, II da CF.[22] E ainda que se considere que está vedada a comercialização de material biológico – incluindo-se fetos e embriões – pode-se alegar que a legislação expressamente determina que essa proibição se dá no âmbito dos transplantes e tratamentos. Excetuando-se na hipótese de estar em causa uma situação de "bebê-medicamento", o embrião em questão estaria fora do âmbito de aplicação (e punição) da Lei de Transplantes, pois não surgiria para possibilitar qualquer tipo de tratamento ou ser doador de material biológico para transplante.

Em se tratando de um arrependimento ou ruptura contratual ainda durante a gravidez, a situação pode se evidenciar ainda mais complexa. Sob uma rigorosa definição jurídica de pessoa, o embrião ou o embrião pré-implantação[23] não poderá

---

21 Assim, salvo melhor juízo, acompanha-se as ideias de Laura Abreu no sentido da validade do negócio jurídico onerosos de maternidade de substituição. Cfr. ABREU, Laura Dutra de. "A renúncia da maternidade: reflexão jurídica sobre a maternidade de substituição – principais aspectos nos direitos português e brasileiro", cit., pp. 103-104.

22 Onde está estabelecido que ninguém será obrigado a fazer ou deixar de fazer alguma coisa senão em virtude de lei.

23 O embrião pré-implantado é o embrião constituído *in vitro* formado pelo grupo de células resultantes da divisão progressiva do ovócito de que é fecundado, até 14 dias mais tarde. Note-se que toda a discussão presente neste

ser considerado uma pessoa. Todavia, eles tampouco se encaixam numa definição de propriedade, porque deles não se pode dispor em toda e qualquer situação, e nenhuma das partes detém direitos exclusivos sobre eles. Esta conclusão mostra que quando se trata de embriões, os direitos legais não são exatos. Assim, pode-se dizer que os embriões encontram-se algures entre as definições de pessoa e propriedade.[24]

Pensamos que o direito de arrependimento da hospedeira e dos pais intencionais (em contratos gratuitos ou onerosos) deve ser exercido até a transferência embrionária. Importa referir que, ainda que o contrato de gestação – a título gratuito ou oneroso[25] – seja considerado válido, o âmago do seu objeto versa sobre estabelecimento da filiação (de um lado, a gestante de substituição promete entregar a criança que carrega em seu ventre e abrir mão do poder familiar/responsabilidades parentais relativos àquele nascituro; do outro, as partes prometem pagar o preço acordado – na hipótese de contrato oneroso – e registrar a criança em nome de ambos os pais) devendo a sua análise – a exemplo de toda e qualquer questão relativa a filhos menores – ter como elemento norteador o melhor interesse da criança nascida[26] ou por nascer, que deverá ser ponderado ao lado da boa-fé objetiva

---

estudo gira em torno dos embriões *in vitro* que, de acordo com o disposto na Resolução do CFM terão um tempo máximo de desenvolvimento de 14 dias. Assim, mais apropriado seria falar em embrião pré-implantação, mas utilizou-se deliberadamente a terminologia embrião por ser a que consta no documento do Conselho Federal de Medicina.

---

24 No mesmo sentido, ERICKSON, Thereza M.; ERICKSON, Megan T. "What happens to embryos when a marriage dissolves? Embryo disposition and divorce", *In: William Mitchell Law Review*, vol. 35, Issue 2, pp. 469- 488, 2009, p. 481.

25 Essa é a nossa posição, no sentido de enxergar validade tanto no negócio a título gratuito como a título oneroso.

26 O melhor interesse da criança (ainda que por nascer) deverá ter primazia sobre todos os outros interesses em jogo.

e da proibição do *venire contra factum proprium*,[27] salvaguardando a confiança e as expectativas legítimas de todas as partes.

> **3 – Nas clínicas de reprodução assistida, os seguintes documentos e observações deverão constar no prontuário do paciente:**
> **3.1. Termo de consentimento livre e esclarecido informado assinado pelos pacientes e pela doadora temporária do útero, contemplando aspectos biopsicossociais e riscos envolvidos no ciclo gravídico-puerperal, bem como aspectos legais da filiação;**

Importante verificar que – em consonância com a crescente preocupação em garantir o pleno exercício da autonomia dos usuários de serviços de saúde – a Resolução 2.121/2015 estabelece a necessidade não apenas de informar e esclarecer, mas de *registrar*, documentalmente, o cumprimento do dever de informação. Não se trata simplesmente da obrigação deontológica de esclarecer e obter o consentimento preferencialmente escrito, como diz o Código de Ética Médica. As implicações existentes na relação criada entre os usuários das técnicas de PMA e a gestante de substituição, por suas implicações biológicas e jurídicas, receberam o cuidado, a cautela, a preocupação de ser obrigatório o registro escrito.

---

27 Adverte-se na doutrina que deve-se emprestar juridicidade a esse tipo de contratos de forma a inibir posturas contraditórias e fraudes, já que inúmeras clínicas de reprodução assistida simulam contratos gratuitos que, na realidade, são onerosos. Cfr. OTERO, Marcelo Truzzi. "Contratação da barriga de aluguel gratuita e onerosa – legalidade, efeitos e o melhor interesse da criança", *In: Revista Brasileira de Direito das Famílias e Sucessões*, Vol. 20, Fev./Mar. Porto Alegre: Magister, pp. 19-38, 2011, pp. 33-34.

O estado gravídico não é uma doença, mas uma condição natural, normal de perpetuação da espécie. Ainda assim, envolve riscos biológicos, de complicações, sequelas, e mesmo morte. A gestação de substituição acrescenta ainda riscos biopsicossociais, de ordem íntima – para a hospedeira – e para seus familiares, especialmente se for a mesma mãe de filhos pequenos, que de uma forma ou de outra podem vir a ser afetados pela experiência.

Para além disso, as óbvias questões legais relativas à filiação das crianças nascidas por meio da utilização da técnica de gestação de substituição necessitam restar devida e previamente esclarecidas, de modo a revestir o procedimento com um mínimo aceitável de estabilidade, cautela e segurança.

3.2. Relatório médico com o perfil psicológico, atestando adequação clínica e emocional de todos os envolvidos;

Ultrapassada a barreira dos impeditivos de ordem clínica, o próximo obstáculo a ser vencido é justamente o psicológico. A carga emocional que envolve a tomada de decisão em participar de procedimento de útero de substituição afeta não somente os pais biológicos e a gestante de substituição, mas seus familiares mais próximos, cônjuges, companheiros, filhos menores.

Para que se possa levar a cabo o procedimento, necessário o registro, em relatório profissional, de que estes aspectos emocionais se encontram minimamente protegidos. Observe-se que a menção aqui, de relatório profissional diverge da nomenclatura adotada na Resolução – relatório médico – uma vez que no texto em comento há uma impropriedade, já que o perfil psicológico deve ser estabelecido por psicólogo, respeitadas as prerrogativas da formação profissional.

O relatório médico propriamente dito deve se ater às condições clínicas que possibilitaram a participação gestante de substituição no procedimento, observados os protocolos para uma gravidez que se apresente – guardados os limites do previsível – como segura.

3.3. Termo de Compromisso entre os pacientes e a doadora temporária do útero (que receberá o embrião em seu útero), estabelecendo claramente a questão da filiação da criança;

A Resolução demonstra necessária preocupação – também – com os aspectos jurídicos do procedimento. Faz-se imperiosa a necessidade de registrar claramente os detalhes relativos à filiação da criança ou crianças a serem geradas pelo método de gestação de substituição. É inquestionável – sob o aspecto legal – que a relação estabelecida entre a hospedeira e os pais biológicos dos embriões a serem implantados é contratual (ainda que não onerosa). Não existe vínculo genético entre aquela primeira e os embriões.

O termo de compromisso é, portanto, uma necessária garantia para todas as partes envolvidas, uma vez que o procedimento não pode envolver direito de arrependimento posterior à transferência embrionária, por parte de nenhum dos partícipes. Para a maximização da segurança jurídica, recomenda-se que o compromisso seja feito por escritura pública, em tabelionato de notas. É importante ressaltar que, nesses termos, trata-se de "documento dotado de fé pública, fazendo prova plena", de acordo com o que dispõe o art. 215 do Código Civil.[28]

Além disso, protege principalmente o direito da criança ou crianças a serem geradas através da técnica, com relação ao correto estabelecimento da filiação, que deve ser garantido mesmo em caso de morte dos pais biológicos durante a gravidez. Nesta hipótese, a titularidade e o exercício das responsabilidades parentais não se transferem para a gestante – que não possui nenhum vínculo genético com o embrião – mas sim aos familiares dos pais intencionais (genéticos ou não), de acordo com a ordem de preferência já estabelecida na lei civil.

---

28 Há a hipótese de registro do contrato particular, nos Registro de Títulos e Documentos, como prescreve o art. 221 do Código Civil. Todavia, tal registro apenas assegura efeito de publicidade, não lhe conferindo forma pública, nem atestando que o negócio esteja livre de defeitos ou vícios.

3.4. Garantia, por parte dos pacientes contratantes de serviços de RA, de tratamento e acompanhamento médico, inclusive por equipes multidisciplinares, se necessário, à mãe que doará temporariamente o útero, até o puerpério;

A ideia altruística e generosa que cerca a decisão de oferecer o próprio útero para gestar uma criança que não é sua, e seu caráter não oneroso estabelecido em razão de princípios bioéticos, pode em alguns momentos fazer as partes emocionalmente envolvidas no acordo esquecer que estão a celebrar um negocio jurídico, que envolve necessariamente obrigações recíprocas.

Dentre elas, a necessidade de prover à gestante de substituição os cuidados de saúde necessários à preservação da integridade física, da vida, e da própria gravidez, de maneira segura. Assim, acertadamente a Resolução instituiu o dever de fazer registrar a garantia oferecida à hospedeira (o completo acompanhamento multidisciplinar em saúde, durante todo o procedimento e imediatamente após o seu encerramento), não podendo os pais intencionais se escusarem da obrigação, sob pena de não realização do procedimento, uma vez que o médico responsável cometeria infração ética ao não formalizar as referidas garantias, materializando-as em documento próprio a constar do prontuário da paciente.

A informação escrita terá ainda a função adicional de estabelecer as bases que servirão como parâmetro para dirimir eventuais dúvidas, que venham a ser conhecidas e analisadas pelo poder judiciário, em um improvável (mas possível) litígio superveniente. Ressalte-se, mais uma vez, a importância de que tal obrigação esteja presente não apenas no prontuário da gestante de substituição, mas no próprio termo de compromisso, a ser celebrado por escritura pública.

3.5. Garantia do registro civil da criança pelos pacientes (pais genéticos), devendo esta documentação ser providenciada durante a gravidez;

Ponto fulcral de toda a relação estabelecida em torno da gestação de substituição, o correto e tempestivo registro civil da criança gerada no procedimento tem o estabelecimento da "garantia" prevista neste item 3.5 como redundância, mas com a necessária advertência da necessidade de "providenciar documentação" durante a gravidez.

Dentre as providências a serem adotadas, estão aquelas que implicam autorização judicial para resolver as pendências burocráticas (ainda) existentes em razão do procedimento realizado.

A inexistência de instrumentos normativos específicos para disciplinar a situação do registro de uma criança nascida do ventre de uma mulher que não é sua mãe, sendo registrada em nome de seus pais intencionais, é questão ainda não devidamente enfrentada (nada obstante esteja a chegar com cada vez mais frequência aos tribunais), mas que suscita dúvidas até mesmo em experimentados profissionais, causando insegurança, e podendo levar a decisões inadequadas e contraditórias.

Imperioso, portanto, que seja ressaltada a necessidade de providenciar a documentação e as autorizações necessárias, inclusive para a correta emissão da Declaração de Nascido Vivo junto à maternidade, de modo a permitir que o registro de filiação seja efetivado de forma correta, sem maiores transtornos ou obstáculos. Para tanto, a cautela impõe que quaisquer medidas jurídicas sejam adotadas no curso da gravidez, sendo iniciadas no máximo até o final do quarto mês de gestação, para evitar contratempos e a hoje natural lentidão na tramitação de processos.

3.6. Aprovação do cônjuge ou companheiro, apresentada por escrito, se a doadora temporária do útero for casada ou viver em união estável.

Conforme dito anteriormente, o processo de gravidez implica a possibilidade de riscos à integridade física, à saúde e mesmo – em casos mais raros – o óbito da gestante. Optou o Conselho Federal de Medicina por estabelecer a necessidade da obtenção de consentimento do(a) cônjuge ou companheiro(a) gestante de substituição, como requisito para autorização da realização do procedimento (ou visto de outro modo, como um dos requisitos necessários para que a realização do procedimento atenda a critérios éticos pré-estabelecidos).

Do ponto de vista estritamente jurídico, esta autorização se afigura desnecessária. Para que a mulher possa participar do processo de gestação de substituição, pressupõe-se que seja maior de idade, capaz para a realização de atos da vida civil, plenamente habilitada portanto ao exercício personalíssimo e intransferível de sua autonomia. A escolha, a opção em ser gestante de substituição não prescinde da autorização de terceiros, não importando qual o vínculo mantido com o(a) cônjuge ou companheiro(a).

Pensar de outro modo, seria estabelecer a necessidade da mesma "aprovação" para a realização de procedimentos cirúrgicos de caráter estético, por exemplo, dados os riscos cirúrgicos, anestésicos e outros envolvidos. O requisito em análise – juridicamente inócuo e desnecessário – só pode ser creditado à cautela, ao receio em estabelecer, por meio de Resolução, critérios e parâmetros que deveriam ser fruto de legislação específica, que não deverá estar disponível em um futuro minimamente previsível.

VIII

REPRODUÇÃO ASSISTIDA POST-MORTEM[1]

É permitida a reprodução assistida *post-mortem* desde que haja autorização prévia específica do(a) falecido(a) para o uso do material biológico criopreservado, de acordo com a legislação vigente.

A reprodução *post-mortem* poderá assumir a forma de inseminação, fertilização ou transferência embrionária.

A primeira e a segunda hipóteses são particularmente controversas, especialmente quando não existam autorizações do elemento masculino no sentido do seu esperma ser utilizado para fins reprodutivos. Nesse sentido vai a jurisprudência brasileira:

> DIREITO CIVIL. CONSTITUCIONAL. PROCESSUAL CIVIL. EMBARGOS INFRINGENTES. UTILIZAÇÃO DE MATERIAL GENÉTICO CRIOPRESERVADO *POST MORTEM* SEM AUTORIZAÇÃO EXPRESSA DO DOADOR. AUSÊNCIA DE DISPOSIÇÃO LEGAL EXPRESSA SOBRE A MATÉRIA. IMPOSSIBILIDADE DE SE PRESUMIR O CONSENTIMENTO DO DE CUJUS PARA A UTILIZAÇÃO DA INSEMINAÇÃO ARTIFICIAL HOMÓLOGA *POST MORTEM*. RESOLUÇÃO 1.358/92, DO

---

[1] Tópico desenvolvido em coautoria com a Professora Doutora Vera Lúcia Raposo. Advogada, Professora Assistente da Faculdade de Direito da Universidade de Macau – China, Professora Auxiliar da Faculdade de Direito da Universidade de Coimbra – Portugal, Investigadora do Centro de Direito Biomédico da Faculdade de Direito da Universidade de Coimbra, e do Centro de Direitos Humanos da Universidade de Coimbra. E-Mail: vera@fd.uc.pt

CONSELHO FEDERAL DE MEDICINA. 1. *Diante da falta de disposição legal expressa sobre a utilização de material genético criopreservado post mortem, não se pode presumir o consentimento do de cujus para a inseminação artificial homóloga post mortem, já que o princípio da autonomia da vontade condiciona a utilização do sêmen criopreservado à manifestação expressa de vontade a esse fim. 2.* "No momento da criopreservação, os cônjuges ou companheiros devem expressar sua vontade, por escrito, quanto ao destino que será dado aos pré-embriões criopreservados, em caso de divórcio, doenças graves ou de falecimento de um deles ou de ambos, e quando desejam doá-lo" (a Resolução 1.358/92, do Conselho Federal de Medicina) 3. Recurso conhecido e desprovido. (TJDFT, 1ª C. Cível, EI 20080111493002, Rel. Des. Carlos Rodrigues, j. 25/05/2015). (Destaque nosso).

Já na terceira hipótese existiu necessariamente um consentimento do segundo elemento do casal, que começou por autorizar o uso do seu esperma para a fertilização dos ovócitos da esposa ou companheira ou o uso dos seus óvulos para serem fertilizados com o semên do marido ou companheiro. Todavia, este consentimento foi dado, em regra, para que o processo fosse levado a cabo em vida do próprio, de modo que resta saber se ele se manteria caso a pessoa soubesse que faleceria em breve, nascendo o seu filho apenas após esse momento.

De fato, a maioria dos litígios que surgem nesse domínio prendem-se com a morte do elemento masculino e subsequente desejo do elemento feminino em utilizar o seu esperma ou os embriões gerados a partir dele. Mas teoricamente pode igualmente colocar-se a versão oposta, e ser o homem a pretender utilizar os ovócitos da falecida, ou os embriões gerados com ovócitos da mesma, utilizando para tal uma gestante de substituição ou mesmo o útero da nova companheira.

Falemos primeiro das situações em que a mulher é inseminada ou fertilizada com sêmen de um homem já defunto, em regra, seu marido. Esta prática é usualmente banida em termos jurídicos porque se considera atentatória da dignidade do falecido, em virtude de se dispor do seu material genético sem uma vontade que lhe sirva de suporte. Cumulativamente, teme-

-se a avidez da viúva, que espera conseguir uma fonte adicional de subsistência derivada dos bens do defunto marido por via de um filho que funcione como sua derradeira fonte de rendimento, dado o papel central que este poderá desempenhar em termos de distribuição de bens.

Todavia, estamos em crer que na esmagadora maioria dos casos o que move estas mulheres é um sentimento totalmente oposto a este: é o amor pela pessoa falecida, com quem esperavam partilhar a sua vida. Resta agora tentar colmatar a sua ausência por meio de um filho muito desejado.

Sendo a fecundação *post-mortem* admitida – e parece-nos que esta é a boa solução – terá, no entanto, que respeitar certos requisitos, paralelos aos impostos para a *living will*: i) fundar-se na vontade expressa da pessoa falecida, a qual deverá ser manifestada por escrito; ii) praticar-se dentro de um prazo determinado a contar da morte do cônjuge ou companheiro.

A tendência das leis nacionais e dos diplomas internacionais é a de proibirem esta prática. Contudo, sempre se poderá invocar, no sentido de a permitir, o direito fundamental a constituir família, pois, de certa forma, trata-se do desejo da mulher prolongar a família perdida com a morte do marido ou da esposa (embora nem todos os autores aceitem o argumento nestes termos).

Tal como em muitas outras questões de direito médico, trata-se de saber se nos deveremos apegar à regra estrita do consentimento, numa intenção de maior segurança, ou, ao invés, se será preferível optar pela solução que melhor satisfaça o suposto interesse da pessoa que está impossibilitada de consentir, apesar de todos os riscos que esta solução implicará. Será que o contrato matrimonial implica concomitantemente uma autorização para procriar, quaisquer que sejam as circunstâncias futuras, mesmo que impliquem o desaparecimento do suposto pai?

Várias questões se suscitam a propósito do consentimento deixado pelo defunto para utilização do seu esperma:

> I) Em que medida é que o falecimento deve impedir o processo reprodutivo em maior medida do que quando este ocorra

no seio de uma reprodução sexual? Se nesta última o "desaparecimento" do pai após a fecundação se torna irrelevante, justifica-se que a sua presença seja tida como decisiva na reprodução medicamente assistida?

II) Serão de admitir aqui consentimentos implícitos, por exemplo, sob a forma de um tratamento prévio de fertilização *in vitro*, ou do "depósito" do esperma num banco nestas mesmas condições, não obstante em qualquer dos casos o paciente ter sido previamente informado da sua doença letal? Será utilizável aqui o critério do consentimento presumido que vale no direito criminal?

III) E quando se trate de reprodução heteróloga? Deve ainda assim ficar impedida a utilização do esperma de dador que anteriormente havia sido convencionada entre o casal?

IV) No caso do consentimento expresso, quais os seus requisitos de validade? Nomeadamente, são de exigir formalidades públicas de reconhecimento?

V) Estará o mesmo sujeito a determinado prazo de validade, tal como a *living will*? Poderá este prazo ser alargado pelo próprio no documento do consentimento?

VI) Existindo prazo de validade, significa isto que, se a fecundação for praticada após tal prazo, já a paternidade não poderá ser declarada, ficando a criança sem pai?

Uma das formas que a reprodução assistida *post mortem* pode assumir é a de transferência embrionária. Historicamente, o nascimento de uma criança após a morte de um pai biológico só poderia ter lugar dentro de uma janela de tempo limitada. No entanto, o armazenamento e implantação posterior de embriões congelados criou o potencial de a prole poder ser produzida anos após a morte de um pai biológico.

Nessa modalidade, em regra, existiu um consentimento da parte masculina, que autorizou a utilização do seu semên para a fertilização dos óvulos do elemento feminino do casal. Entretanto, tal consentimento foi dado, usualmente, com o intuito de que o processo fosse completado durante a vida do próprio. Destarte que resta saber se o mesmo se manteria na eventualidade de o indivíduo ter ciência de que viria a falecer em breve, nascendo o seu filho apenas em momento posterior.²

A transferência *post mortem* de embriões, em nome da segurança jurídica e respeito à autonomia das partes (incluindo-se a de quem já faleceu) deveria seguir dois pressupostos: 1) a existência de uma declaração expressa do falecido ou falecida a permiti-la; 2) que a técnica fosse levada a cabo dentro de um período determinado a contar do falecimento do *de cujus*.³ Tal raciocínio segue de perto o estipulado pelo art. 22º, n. 3 da Lei de Procriação Medicamente Assistida de Portugal.⁴

No Brasil, sob o ponto de vista ético, a questão se delineia no sentido de reconhecer a autonomia privada do casal, no que diz respeito aos assuntos de planejamento familiar, contando com a reprodução assistida, e prevendo a utilização de tais técnicas mesmo após eventual morte de um dos membros do casal.

A Constituição Federal, por sua vez, estabelece "especial proteção do Estado" para a família, em seu art. 226, e pontifica em seu § 7º, que "Fundado nos princípios da dignidade da pessoa humana e da paternidade responsável, o planejamento familiar é livre decisão do casal, competindo ao Estado propiciar recursos educacionais e científicos para o exercício desse direito, vedada qualquer forma coercitiva por parte de instituições oficiais ou privadas."

---

2   Neste sentido, consultar RAPOSO, Vera Lúcia; DANTAS, Eduardo. "Aspectos jurídicos da reprodução assistida *post-mortem*, em perspectiva comparada Brasil-Portugal", *In: Lex Medicinae* – Revista Portuguesa de Direito da Saúde, ano 7, nº 14. Coimbra: Centro de Direito Biomédico/ Coimbra Editora, pp. 81-94, 2010, p. 83.

3   Em sentido parecido, consultar RAPOSO, Vera Lúcia; DANTAS, Eduardo. "Aspectos jurídicos da reprodução assistida *post-mortem*, em perspectiva comparada Brasil-Portugal", cit., p. 93. RAPOSO, Vera Lúcia. "Direitos reprodutivos", cit., p. 124.

4   "É, porém, lícita a transferência *post mortem* de embrião para permitir a realização de um projecto parental claramente estabelecido por escrito antes do falecimento do pai, decorrido que seja o prazo considerado ajustado à adequada ponderação da decisão".

Na falta de um acordo que abarque também a questão de uma eventual transferência embrionária *post mortem*, há que se recorrer à legislação vigente. O Art. 1.597 do Código Civil estabelece no inciso IV que serão presumidos concebidos na constância do casamento os filhos havidos, a qualquer tempo, quando se tratar de embriões excedentários, decorrentes de concepção artificial homóloga, ou seja, com material genético das duas pessoas do casal. Assim, na ausência de pacto entre as partes e existindo embriões excedentários frutos de reprodução homóloga, não parece haver qualquer limitação para disposição dos embriões pelo cônjuge supérstite, a qualquer tempo, desde que a pessoa em causa não estivesse separada ou divorciada do de *cujus*. Parece-nos, por razão de isonomia e pela crescente equalização do casamento com a união estável, que tal disposição também deve ser aplicada aos companheiros.[5]

E na hipótese de concepção heteróloga, ou seja, com material apenas de um dos membros do casal? O inciso V do mesmo dispositivo do Código Civil determina que serão considerados concebidos na constância do matrimônio os filhos havidos por inseminação artificial heteróloga, desde que tenha havido prévia autorização do marido. Numa lógica de um Estado regido

---

5   Nesse sentido, o enunciado 106 do CJF: "Para que seja presumida a paternidade do marido falecido, será obrigatório que a mulher, ao se submeter a uma das técnicas de reprodução assistida com o material genético do falecido, esteja na condição de viúva, sendo obrigatória, ainda, a autorização escrita do marido para que se utilize seu material genético após sua morte". Importa ressaltar que, para atendimento ao mandamento constitucional da igualdade e também em virtude do reconhecimento das uniões homoafetivas, tal dispositivo também deve ser aplicado extensivamente aos maridos sobreviventes em relação à esposa ou ao marido. Também na I Jornada de Direito Civil do CJF propôs-se uma supressão da última parte do Art. 1.597 do CC justificando que "não é aceitável o nascimento de uma criança já sem pai". Tal ideia, entretanto, equivaleria a um desprestígio das famílias monoparentais. Se tal juízo fosse aceito, também serviria para colocar em causa o acesso de pessoas solteiras às técnicas de PMA, assim como adoções individuais, o que se mostra incompatível com os princípios da liberdade, igualdade e dignidade da pessoa humana.

pela igualdade (entre as pessoas e as famílias), pela liberdade (na constituição das entidades familiares), pela dignidade humana e pela não-discriminação (aí incluída por orientação sexual e gênero) tal disposição não deveria ser interpretada como também aplicável à esposa, de casal hetero ou homoafetivo? Desde 2011, os casamentos civis entre pessoas do mesmo sexo passaram a ser autorizados. Na hipótese de um casal heterossexual ou de *gays*, o marido sobrevivente poderá se socorrer da gestação de substituição. Na hipótese de um casal de lésbicas, não há maridos. A solução legislativa se mostra discriminatória (em termos de orientação sexual e gênero, já que os homens também podem desejar exercer a parentalidade após o falecimento da esposa) e incompatível com o estado atual do nosso sistema jurídico. Tal fato evidencia a necessidade de reforma da legislação existente em matéria de filiação ou do tratamento dessas questões em uma eventual legislação especial sobre reprodução assistida.[6]

Importa mencionar outro ponto bastante nevrálgico dessa questão. O Art. 1.597 do CC expressamente estabelece que os filhos (embriões excedentários) originários da procriação medicamente assistida homóloga serão presumidos concebidos na constância do casamento. De acordo com a redação do Código Civil, o reconhecimento da filiação se dará a qualquer tempo. Não há qualquer restrição temporal. Todavia, o Art. 1.800, §4º determina que se, transcorridos dois anos após a abertura da sucessão, não for concebido o herdeiro esperado, os bens reservados, salvo disposição em contrário do testador, caberão aos herdeiros legítimos.

---

6   A doutrina norte-americana ressalta que o grande potencial de abuso no mercado da reprodução humana deve ser controlado por uma legislação abrangente e centralizada. Grandes abusos não podem continuar simplesmente porque legisladores lutam com a redefinição da família no século 21 e ignoram essa realidade. Cfr. PREISLER, Andrea. "Assisted Reproductive Technology: The Dangers of an Unregulated Market and the Need for Reform", cit., p. 236.

E na hipótese de ausência de testamento? Nascerá o filho, terá a sua filiação estabelecida, mas não o direito à herança? O Art. 1.798 do CC estabelece que legitimam-se a suceder as pessoas nascidas ou já concebidas no momento da abertura da sucessão. Na hipótese de embriões excedentários frutos de procriação homóloga, o Diploma Civil brasileiro estabelece que será presumido filho matrimonial ainda que tenha nascido muito tempo após a morte do seu progenitor falecido. Nesse sentido, na III Jornada de Direito Civil do CJF foi aprovado o enunciado que afirma que a regra do Art. 1.798 do CC deve ser estendida aos embriões formados mediante a utilização das técnicas de PMA abarcando, assim, a vocação hereditária da pessoa humana a nascer cujos efeitos patrimoniais se submeter às regras previstas para a petição da herança. Nessa lógica, o enunciado terminou por considerar os embriões como pessoas já concebidas.

Ainda que tenha havido disposição testamentária do falecido, nos termos do Art. 1.799, I, o Art. 1.800, §4º estabelece um prazo de caducidade para que esse embrião ou ser humano em potência seja implantado e possa herdar após seu nascimento.[7] Parece existir, portanto, um claro conflito entre as regras. Das duas soluções, é preciso optar por uma: ou se estabelece um prazo no Art. 1.597, IV, determinando que, para se operar o estabelecimento da filiação, a implantação (e consequente gravidez) dos embriões excedentários deve ocorrer dentro de um certo lapso temporal a contar da morte do pai falecido (dois anos, para se harmonizar com o disposto mais à frente) ou se elimina o §4º do Art. 1.800 do CC. Não faz sentido continuar a existir dispositivos jurídico no mesmo diploma (Código Civil) que indicam que uma filiação (dos embriões excedentes de reprodu-

---

[7] A título de curiosidade, o Estado da Califórnia e no Estado de Louisiana, nos EUA, o requisito para que os filhos ainda não nascidos possam herdar de seus pais já falecidos são de dois e três anos, respectivamente, desde que exista um consentimento autorizando PMA *post mortem*. Cfr. BARON, Noah; BAZZELL, Jennifer. "Assisted Reproductive Technologies", cit., pp. 71-72.

ção homóloga) poderá ser estabelecida a qualquer tempo, mas que o direito de participar na herança caducará em dois anos.

Portanto, segundo nos parece, não se suscita óbice de maior relevância à admissibilidade da reprodução *post-mortem*, mesmo nas suas modalidades de inseminação ou fertilização, desde que o pai tenha deixado um prévio consentimento livre e esclarecido. Nesse sentido vão os pareceres dos Conselhos Regionais de Medicina:

> A reprodução assistida post mortem pode ser realizada desde que haja autorização prévia expressa do falecido para o uso do material biológico criopreservado. Ceder material ou realizar o procedimento sem o consentimento do doador, poderá ensejar a responsabilização ética e civil da Clínica. (Expediente de Consulta nº 018.621/2012, Parecer CREMEB nº 14/2013, Rel.ª Cons.ª Maria Lúcia Bomfim Arbex, Aprovado na Sessão Plenária de 05/04/2013).

A favor desta solução jogam os seguintes argumentos: I) Desde logo, o respeito pelos desejos de pessoas falecidas que manifestaram essa vontade em vida; II) Depois, o paralelismo existente entre a reprodução *post-mortem* e os casos de gravidezes que prosseguem não obstante a morte dos pais. É certo que a analogia não é total, uma vez que, no caso de uma gravidez natural, a criança nascerá, no limite, 9 meses após a morte do pai, ao passo que numa reprodução *post-mortem* poderá nascer bastante mais tarde, sendo que esta dilação temporal (que se pode prolongar durante anos) é susceptível de perturbar a estrutura familiar, não só em termos afetivos, como patrimoniais (direito sucessório). Por isso advogamos que o processo seja levado a cabo num prazo temporalmente delimitado.

Um eventual estabelecimento de prazo não configuraria discriminação na filiação, expressamente vedada pela Constituição Federal. O direito reprodutivo do cônjuge sobrevivente estaria assegurado durante certo tempo e, se não exercido no período previsto, deveria ceder ante os direitos patrimoniais dos outros herdeiros. Tal ideia parece ser verossímil pois assegura o direito à procriação de um lado – com o respectivo direito à herança do filho que está por vir[8] – e da segurança jurídica por outro lado. Assim, um eventual prazo para requerer a herança só pode continuar existindo se também houver prazo para estabelecimento da filiação do embrião em causa, já que não há como se conceber – dentro do ordenamento jurídico brasileiro – que alguém possa ser filho a qualquer tempo, mas apenas para alguns efeitos limitados como o direito ao nome.

Portanto, parece razoável a estipulação de um prazo entre 5 e 10 anos para os dispositivos supracitados.[9] Um lapso temporal dessa amplitude asseguraria tempo suficiente para que o (a) cônjuge sobrevivente exercesse o seu direito de escolha em procriar ou não, certificaria que o nascituro eventual seria tido como filho para todos os efeitos jurídicos, respeitando, portanto, o princípio da igualdade da filiação consagrado pela Constituição Federal. Em razão do que já foi dito anteriormente, pensamos que as soluções aqui propostas devem ser aplicadas igualmente ao casamento e à união estável.

---

8   Direito constitucionalmente assegurado no Art. 5º, XXX da Constituição Federal que deve ser articulado com o Art. 227, §6º da Carta Magna, que veda discriminação entre os filhos, independentemente da sua origem ou da relação dos seus progenitores.

9   Levando-se em consideração que a Resolução 2.121/2015 do CFM fala em criopreservação dos embriões por 5 anos. Como adverte a doutrina "os embriões a partir de cinco ou mais anos de criopreservação, e alguns antes, são quase todos moribundos, impróprios para a transferência intra--uterina (Declaração de Voto do Conselheiro Daniel Serrão ao Parecer nº 44/CNECV/04)". RAPOSO, Vera Lúcia. "O dilema do rei Salomão: conflitos de vontade quando ao destino dos embriões excedentários", cit., p. 56. Todavia, ainda que seja uma ocorrência raríssima, há notícias de crianças que nasceram a partir de embriões congelados por 8, 13 e quase 20 anos. Como já indicamos em CHAVES, Marianna. "Algumas notas sobre os embriões excedentários", cit., p. 151. Assim, também se poderia tomar em consideração o prazo prescricional para petição de herança (aqui, passando ao largo da divergência doutrinária sobre a prescritibilidade ou não da ação de petição de herança e tomando o prazo como existente). Não faz sentido que um filho, cuja possível concepção era de conhecimento do *de cujus* possa herdar, com recurso à justiça em até 02 anos, e aquele cuja existência o falecido nem sabia, possa herdar se recorrer ao judiciário até uma década depois.

O que não pode existir é uma legislação que permita a inseminação e/ou a transferência embrionária *post mortem* mas exclua esses filhos futuros dos seus direitos sucessórios. Trata-se, aqui, de dignidade da pessoa, consoante exposto no art. 226 da Constituição, mencionado anteriormente.

Dignidade da pessoa que é, não apenas um princípio constitucional, mas fundamento da República, conforme exposto no art. 1º, III, da própria Constituição Federal. Em sendo fundamento, tem prevalência sobre quaisquer princípios que venham a ser invocados, devendo a legislação amoldar-se a ele, e não o contrário.

Não obstante entendamos que uma manifestação de vontade do falecido seja indispensável para que a transferência de embriões ou a PMA *post-mortem* sejam levadas a cabo, há precedentes relativizando essa exigência do CFM, através de presunções inferidas da inércia ou omissão do *de cujus*:

> O falecido companheiro da autora, caso não desejasse a utilização do material genético colhido poderia ter manifestado esta intenção no momento da celebração do contrato com a empresa ré, ora apelante.
> No entanto, não o fez, mesmo estando submetido a tratamento de doença grave, com risco de vir a falecer, o que conduz à conclusão de que concordava com a utilização do material genético armazenado, mesmo após a sua morte.(...)
> Ora, a formalização do contrato de criopreservação de fls. 21/22 e o efetivo armazenamento do material genético contemporâneo à descoberta da grave doença do companheiro conduzem à conclusão a respeito da intenção do falecido em permitir a utilização do seu sêmen e a concretização do projeto familiar almejado.
> Entende-se, enfim, que houve autorização implícita do de cujus no contrato em comento para utilização, por sua companheira, do material congelado após o seu falecimento.[10]

---

10   TJDFT, 3ª T. Cível, AC 20080111493002 DF 0100722-92.2008.8.07.0001, Rel.ª Des.ª Nídia Corrêa Lima, j. 03/09/2014.

IX

DISPOSIÇÃO FINAL

Casos de exceção, não previstos nesta resolução, dependerão da autorização do Conselho Federal de Medicina.

Não obstante a Resolução do Conselho Federal de Medicina tenha tratado de boa parte da matéria relativa à reprodução humana assistida, trouxe essa cláusula aberta.

Trata-se de disposição importante, que revela sensatez por parte do CFM e consciência de que seria impossível regulamentar de maneira integral e absoluta a matéria e que sempre há a possibilidade de surgir conflitos, dúvidas e questões não regulamentadas nesse corpo de normas deontológicas.

Assim, previu que eventuais desvios e exceções que não tenham sido analisados pela Resolução não estão afastados de plano, cabendo a análise desses pontos e dúvidas ao Conselho Federal de Medicina.

REFERÊNCIAS

ABREU, Laura Dutra de. "A renúncia da maternidade: reflexão jurídica sobre a maternidade de substituição – principais aspectos nos direitos português e brasileiro", *In: Revista Brasileira de Direito das Famílias e Sucessões*, vol. 11, Ago./Set. Porto Alegre: Magister, pp. 93-104, 2009.

ALEYAMMA, T. K. *et al.* "Affordable ART: a different perspective ", *In: Human Reproduction*, vol. 26, nº 12, pp. 3312–3318, 2011.

ALLAHBADIA, G. N. "IVF in Developing Economies and Low Resource Countries: An Overview", *In: The Journal of Obstetrics and Gynecology of India*, vol. 67, nº 5, pp. 291-194, 2013.

ANAYA Y. *et al.* "Outcomes from a university-based, low cost IVF program providing access of care to a socioculturally diverse urban community", *In: Fertility and Sterility,* vol. 106, n. 3, supplement, p. e73, 2016.

ANDORNO, Roberto. "´Liberdade´ e ´Dignidade´ da Pessoa: Dois Paradigmas Opostos ou Complementares na Bioética?", *In: Bioética e Responsabilidade/* Judith Martins-Costa; Letícia Ludwig Möller (orgs.). Rio de Janeiro: Forense, pp. 73-93, 2009.

ANVISA. "9º Relatório Sistema Nacional de Produção de Embriões". Disponível em: http://portal.anvisa.gov.br/sangue-tecidos-celulas--e-orgaos Acesso em: 15/11/2016.

APPLEBY, John B. "The Ethical Challenges of the Clinical Introduction of Mitochondrial Replacement Techniques", *In*: *Medicine, Health Care, and Philosophy*, vol. 18, nº 4, pp. 501–514, 2015.

ARAÚJO, Fernando. *A procriação assistida e o problema da santidade da vida*. Coimbra: Almedina, 1999.

BADER, Michael. "The Problems with terminology and definitions", *In: CHIMBRIDS* – Chimeras and Hybrids in Comparative European and International Research: Scientific, Ethical, Philosophical and Legal Aspects/ Jochen Taupitz; Marion Weschka (editors). Heidelberg: Springer, pp. 5-6, 2009.

BAHAMONDES, Luís; MAKUCH, Maria Y. "Infertility care and the introduction of new reproductive technologies in poor resource settings", *In: Reproductive Biology and Endocrinology* 2014 12:87. Disponível em: http://rbej.biomedcentral.com/articles/10.1186/1477-7827-12-87 Acesso em: 20/06/2017.

BARON, Noah; BAZZELL, Jennifer. "Assisted Reproductive Technologies", *In: Georgetown Journal of Gender and the Law*, Vol. 15, nº 1, pp. 57-94, 2014.

BARROS, Alberto. "Procriação medicamente assistida", *In: Direito da saúde* – estudos em homenagem ao Prof. Doutor Guilherme de Oliveira, vol. 4: Genética e PMA/ João Loureiro; André Dias Pereira; Carla Barbosa (coords.). Coimbra: Almedina, pp. 107-128, 2016.

BRAUNER, Maria Claudia Crespo. *Direito, sexualidade e reprodução humana*: conquistas médicas e o debate bioético. Rio de Janeiro: Renovar, 2003.

CAHILL, Courtney Megan. "Reproduction Reconceived", *In: Minnesota Law Review*, vol. 101, nº 2, pp. 617-698, 2016.

CAHN, Naomi R. *Test tube families:* why the fertility market needs regulation. New York/London: New York University Press, 2009.

CALLAHAN, Daniel. "O bem social e o bem individual: aborto e reprodução assistida", *In: A Condição Humana/* Fundação Luso-Americana para o Desenvolvimento. Alfragide: Dom Quixote, pp. 15-32, 2009.

CASCÃO, Rui. "The Challenges of International Commercial Surrogacy: From Paternalism towards Realism", *In: Medicine and Law*, vol. 35, nº 2, pp. 151-164, 2016.

CHAVES, Marianna. "Algumas notas sobre os embriões excedentários", *In: Direito, linguagem e sociedade/* Virginia Colares (Org.). Recife: Appodi, pp. 124-162, 2011.

_____. "Breves notas sobre a ovodoação compartilhada". Disponível em: http://www.donare-pe.com.br/artigo.html Acesso em: 19/07/2017.

_____. *Homoafetividade e direito:* proteção constitucional, uniões, casamento e parentalidade. 3ª ed. Curitiba: Juruá, 2015.

CRISTOVAM, Marco Antônio da Silva *et al.* "Gemelares Teratópagos Dicéfalos: Relato de Caso", *In: Revista do Médico Residente*, vol. 12, nº 3 e 4, pp. 143-146, 2010.

CROCKIN, Susan L.; DEBELE, Gary A. "Ethical Issues in Assisted Reproduction: A Primer for Family Law Attorneys", *In: Journal of the American Academy of Matrimonial Lawyers*, vol. 27, pp. 289-357, 2015.

CRUZ, Myrel Marin. "Diagnostico Genetico Preimplantacional: Consideraciones Juridicas del Uso de Embriones Pre-Seleccionados para Evitar Condiciones Geneticas", *In: Revista Juridica Universidad de Puerto Rico*, vol. 82, nº 1, pp. 249-266, 2013.

DAAR, Judith. "Federalizing Embryo Transfers: Taming the Wild West of Reproductive Medicine", In: Columbia Journal of Gender and Law, vol. 23, n. 2, pp. 257-325, 2012.

DAIN, Lena, et al. "The effect of paternal age on assisted reproduction outcome", In: Fertility and Sterility, vol. 95, nº 1, pp. 1–8, 2011.

DANTAS, Eduardo. Direito Médico. 3ª ed. Rio de Janeiro: GZ, 2014.

DANTAS, Eduardo. COLTRI, Marcos. Comentários ao Código de Ética Médica. 2ª ed. Rio de Janeiro: GZ, 2012.

DIFONZO, J. Herbie; STERN, Ruth C. "The Children of Baby M", In: Capital University Law Review, vol. 39, nº 2, pp. 345-412, 2011.

DINIZ, Maria Helena. O estado atual do biodireito. 7. ed. São Paulo: Saraiva, 2010.

DURÁN, Manuel Carrasco. "Reprodução: Interpretação Constitucional e Biodireito", In: Direito à Reprodução e à Sexualidade: Uma Questão de Ética e Justiça/ Samantha Buglione; Miriam Ventura (orgs.). Rio de Janeiro: Lumen Juris, pp. 237-261, 2010.

ENGELS, Friedrich. A origem da família, da propriedade e do Estado/H. Chaves (trad.). 4ª ed. Lisboa: Editorial Presença, 1891.

ERICKSON, Theresa M. Surrogacy and Embryo, Sperm & Egg Donation: What Were You Thinking? – Considering IVF & Third-Party Reproduction. Bloomington: iUniverse, 2010.

_____; ERICKSON, Megan T. "What happens to embryos when a marriage dissolves? Embryo disposition and divorce", In: William Mitchell Law Review, vol. 35, Issue 2, pp. 469- 488, 2009.

ETHICS COMMITTEE OF THE AMERICAN SOCIETY FOR REPRODUCTIVE MEDICINE. "Oocyte or embryo donation to women of advanced reproductive age: an Ethics Committee opinion", In: Fertility and Sterility, vol. 106, nº 5, pp. e3–e7, 2016.

FIGO.

GARRISON, Marsha. "Law Making for Baby Making: An Interpretive Approach to the Determination of Legal Parentage", In: Harvard Law Review, Vol. 113, nº 4, pp. 835-923, 2000.

GLENNON, Theresa. "Choosing One: Resolving the Epidemic of Multiples in Assisted Reproduction", In: Villanova Law Review , Vol. 55, nº 1, pp. 147-204, 2010.

GRIFFITH, Ladonna L. "Informed Consent: Patient's Right to Comprehend", In: Howard Law Journal, vol. 27, nº 3, pp. 975-994, 1984.

GUIMARÃES, Ana Paula. *Alguns problemas jurídico-criminais da procriação medicamente assistida*. Coimbra: Coimbra Editora, 1999.

HIRONAKA, Giselda Maria Fernandes Novaes. "O conceito de família e sua organização jurídica", In: *Tratado de Direito das Famílias*/Rodrigo da Cunha Pereira (Org.). Belo Horizonte: IBDFAM, pp. 27-98, 2015.

HOLLAND, Michelle Elizabeth. "Forbidding Gestational Surrogacy: Impeding the Fundamental Right to Procreate", In: *UC Davis Journal of Juvenile Law and Policy*, vol. 17, nº 2, 1-28, 2013.

JACKSON, Emily. *Medical law*: text, cases and materials. 2ª ed. Oxford: Oxford University Press, 2010.

JOBIM, Marcio Felix. *Confiança e contradição*: a proibição do comportamento contraditório no direito privado. Porto Alegre: Livraria do Advogado Editora, 2015.

JOHNSON, Martin H. "Robert Edwards: the Path to IVF", In: *Reproductive BioMedicine Online*, vol. 23, nº 2, pp. 245-262, 2011.

KAHN, Jaclyn N. "The Legal Minefield of Two Mommies and a Baby: Determining Legal Motherhood through Genetics", In: *Florida Coastal Law Review*, vol. 16, nº 2, pp. 245-277, 2015.

KATZ, Gregory; SCHWEITZER, Stuart O. "Implications of Genetic Testing for Health Policy", In: *Yale Journal of Health Policy, Law, and Ethics*, Vol. 10, nº 1, pp. 90-134, 2010.

KELLY, Fiona. "An Alternative Conception: The Legality of Home Insemination under Canada's Assisted Human Reproduction Act", In: *Canadian Journal of Family Law*, vol. 26, nº 1, pp. 149-170, 2010.

KING, Jaime S. "And Genetic Testing for All – The Coming Revolution in Non-Invasive Prenatal Genetic Testing", In: *Rutgers Law Journal*, Vol. 42, nº 3, pp. 599-658, 2011.

KLERKX E. et al. "A Simplified IVF Laboratory Method", In: *Global access to infertility care: The Walking Egg project*/ W. Ombelet; J. Goossens (editors). Disponível em: http://www.fvvo.be/assets/466/03--Klerkx%20et%20al.pdf Acesso em: 20/06/2017.

KLITZMAN, Robert L. "How old is too old? Challenges faced by clinicians concerning age cutoffs for patients undergoing in vitro fertilization", In: *Fertility and Sterility*, vol. 106, nº 1, pp. 216 – 224, 2016.

KOERT, Emily; DANILUK, Judith C. "Psychological and Interpersonal Factors in Gestational Surrogacy", In: *Handbook of Gestational Surrogacy* – International Clinical Practice and Policy Issues/E. Scott Sills (editor). Cambridge: Cambridge University Press, pp. 70-77, 2016.

KONDER, Carlos Nelson; KONDER, Cíntia Muniz de Souza. "Autonomia reprodutiva e novas tecnologias no ordenamento brasileiro: violações e ameaças ao direito a gerar e a não gerar filhos", In: Revista da Faculdade de Direito da UFMG, nº 69, pp. 113-131, 2016.

LECKEY, Robert. "Law Reform, Lesbian Parenting, and the Reflective Claim", In: Social & Legal Studies, vol. 20, nº 3, pp. 331-348, 2011.

_____. "The Practices of Lesbian Mothers and Quebec's Reforms", In: Canadian Journal of Women and the Law, vol. 23, nº 2, pp. 579-599, 2011.

LE DOUARIN, Nicole. *Quimeras, clones e genes*/Isabel Palmeirim; Alexandra Manaia (trad.). Lisboa: Fundação Calouste Gulbenkian, 2005.

LEVY N. "Deafness, culture, and choice", In: Journal of Medical Ethics, vol. 28, pp. 284-285, 2002.

LEWIS, Myrisha S. "Biology, Genetics, Nurture, and the Law: The Expansion of the Legal Definition of Family to Include Three or More Parents", In: Nevada Law Journal, vol. 16, nº 2, pp. 743-773, 2016.

LUNA, Naara. *Provetas e clones:* uma antropologia das novas técnicas reprodutivas. Rio de Janeiro: FIOCRUZ, 2007.

MAKUCH, M. Y.; BAHAMONDES, L. "Barriers to access to infertility care and assisted reproductive technology within the public health sector in Brazil", In: *Biomedical infertility care in poor resource countries – Barriers, Access and Ethics*. Disponível em: http://www.fvvo.be/assets/271/10-Makuchetal.pdf Acesso em: 20/06/2017.

MANSO, Luís Duarte Baptista. "Da obrigação de informar em diagnóstico pré-natal e diagnóstico genético pré-implantação – as acções de ´wrongful birth´ e ´wrongful life´ e o instituto da responsabilidade civil", In: *Direito da saúde* – estudos em homenagem ao Prof. Doutor Guilherme de Oliveira, vol. 4: Genética e PMA/ João Loureiro; André Dias Pereira; Carla Barbosa (coords.). Coimbra: Almedina, pp. 129-142, 2016.

MARSHALL, John. "The Case Against Experimentation", In: *Experiments on Embryos*/ A. Dyson; J. Harris (editors). London: Routledge, pp. 55-64, 1990.

MASCARENHAS, Maya N. et al. "National, Regional, and Global Trends in Infertility Prevalence Since 1990: A Systematic Analysis of 277 Health Surveys". Disponível em: http://dx.doi.org/10.1371/journal.pmed.1001356 Acesso em: 16/11/2016.

MELLO, Celso de Albuquerque. "A criança no direito humanitário", In: *O melhor interesse da criança*: um debate interdisciplinar/ Tânia da Silva Pereira (coord.). Rio de Janeiro: Renovar, pp. 495-523, 2000.

MEIRELLES, Rose Melo Vencelau. "O princípio do melhor interesse da criança", In: *Princípios do direito civil contemporâneo*/ Maria Celina Bodin de Moraes (coord.). Rio de Janeiro: Renovar, pp. 459-494, 2006.

MÖLLER, Letícia Ludwig. "Esperança e responsabilidade: os rumos da bioética e do direito diante do progresso da ciência", In: *Bioética e responsabilidade*/ Judith Martins-Costa; Letícia Ludwig Möller (orgs.). Rio de Janeiro: Forense, pp. 23-53, 2009.

MOORE, Keith L. *et al. Embriologia clínica.* 10. ed. Rio de Janeiro: Elsevier, 2016.

MUTCHERSON, Kimberly M. "Transformative Reproduction", In: *Journal of Gender, Race & Justice*, Vol. 16, nº 1, pp. 187-234, 2013.

MVE, R.N.; FORMIGLI, L. "Low cost, simple, intrauterine insemination procedure with unwashed centrifuged husband's sperm for developing countries", In: *African Journal of Reproductive Health*, vol. 16, nº 4, pp. 175-179, 2012.

NAMBA, Edison Tetsuzo. "Direito à identidade genética ou direito ao reconhecimento das origens e a reprodução assistida heteróloga", In: *Doutrinas essenciais* – Família e sucessões: direito de família/ Yussef Said Cahali; Francisco José Cahali (Orgs.). São Paulo: Editora Revista dos Tribunais, pp. 1385-1406, 2011.

NEVES, M. Patrão. "PMA: do desejo de um filho ao filho desejado", In: *Separata de Do início ao fim da vida* – Actas do Colóquio de Bioética. Braga: Faculdade de Filosofia da Universidade Católica Portuguesa, pp. 113-137, 2005.

NOGUEIRA, Célia *et al.* "Doenças da comunicação intergenómica: abordagem clínica e laboratorial", In: *Arquivos de Medicina*, v. 29, nº 1, p. 11-19, 2015.

OLIVEIRA, Guilherme de. "Aspectos jurídicos da procriação assistida", In: *Temas de Direito da Medicina*/ Guilherme de Oliveira. 2ª ed. Coimbra: Coimbra Editora, pp. 5-30, 2005.

_____. "Estrutura jurídica do acto médico, consentimento informado e responsabilidade médica", In: *Temas de Direito da Medicina*/ Guilherme de Oliveira. 2. ed. Coimbra: Coimbra Editora, pp. 59-72, 2005.

_____. "Legislar sobre Procriação Assistida", In: *Temas de Direito da Medicina*/ Guilherme de Oliveira. 2ª ed. Coimbra: Coimbra Editora, pp. 89-104, 2005.

OMBELET, Willem. "Global access to infertility care in developing countries: a case of human rights, equity and social justice", In: *Biomedical infertility care in poor resource countries Barriers, Access and Ethics*/ T. Gerrits *et al.* (editors). Disponível em: http://www.fvvo.be/assets/263/02-Ombelet.pdf Acesso em: 01/04/2017.

OMS. "Infertility definitions and terminology". Disponível em: http://www.who.int/reproductivehealth/topics/infertility/definitions/en/ Acesso em: 01/04/2017.

ONU. "Reproductive Rights are Human Rights: A Handbook for National Human Rights Institutions". Disponível em: http://www.ohchr.org/Documents/Publications/NHRIHandbook.pdf Acesso em: 18/03/2017.

PENNINGS, Guido. "Age and Assisted Reproduction", *In: Medicine and Law*, vol. 14, nº 4, pp. 531-542, 1995.

_____. "Ethical issues of infertility treatment in developing countries", *In: Biomedical infertility care in poor resource countries – Barriers, Access and Ethics*. Disponível em: http://www.fvvo.be/assets/264/03-Pennings.pdf Acesso em: 20/06/2017.

PEREIRA, André Gonçalo Dias. *O Consentimento Informado na Relação Médico-Paciente:* Estudo de Direito Civil. Coimbra: Coimbra Editora, 2004.

PEREIRA, Rodrigo da Cunha. "A primeira lei é uma lei de direito de família: a lei do pai e o fundamento da lei", *In: Direito de família e psicanálise:* rumo a uma nova epistemologia/ Giselle Câmara Groeninga; Rodrigo da Cunha Pereira (orgs.). Rio de Janeiro: Imago, pp. 17-29, 2003.

_____. *Dicionário de direito de família e sucessões*: ilustrado. São Paulo: Saraiva, 2015.

PEREIRA, Tânia da Silva. "O ´melhor interesse da criança´", *In: O melhor interesse da criança*: um debate interdisciplinar/ Tânia da Silva Pereira (coord.). Rio de Janeiro: Renovar, pp. 1-101, 2000.

PREISLER, Andrea. "Assisted Reproductive Technology: The Dangers of an Unregulated Market and the Need for Reform", *In: DePaul Journal of Health Care Law*, vol. 15, nº 2, pp. 213-236, 2013.

PUOLI, José Carlos Baptista. "Precedentes", *In: O novo CPC: breves anotações para a advocacia. Brasília*: OAB, Conselho Federal, 2016.

RABERI, A. *et. al.* "A comprehensive study into the effects of advancing male age on semen parameters, sperm genetic integrity and the outcome of assisted reproductive treatments", *In:* Fertility and Sterility, vol. 106, nº 3, Supplement, 2016.

RAMASAMY, Ranjith, *et al.* "Male biological clock: a critical analysis of advanced paternal age", *In: Fertility and Sterility*, vol. 103, nº 6, pp. 1402–1406, 2015.

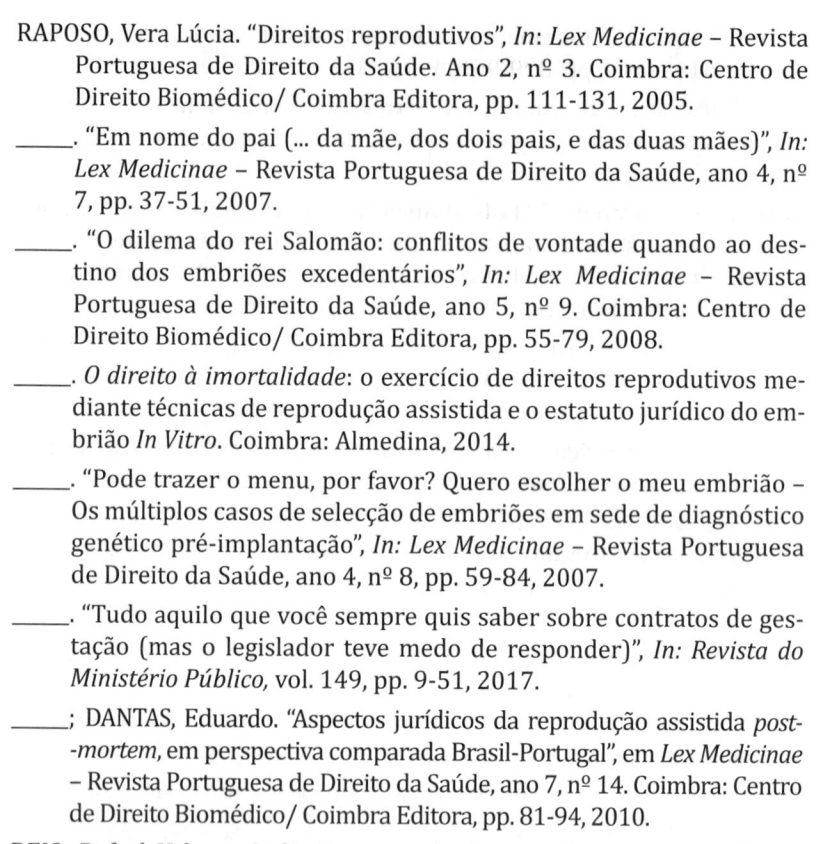

RAPOSO, Vera Lúcia. "Direitos reprodutivos", *In: Lex Medicinae* – Revista Portuguesa de Direito da Saúde. Ano 2, nº 3. Coimbra: Centro de Direito Biomédico/ Coimbra Editora, pp. 111-131, 2005.

_____. "Em nome do pai (... da mãe, dos dois pais, e das duas mães)", *In: Lex Medicinae* – Revista Portuguesa de Direito da Saúde, ano 4, nº 7, pp. 37-51, 2007.

_____. "O dilema do rei Salomão: conflitos de vontade quando ao destino dos embriões excedentários", *In: Lex Medicinae* – Revista Portuguesa de Direito da Saúde, ano 5, nº 9. Coimbra: Centro de Direito Biomédico/ Coimbra Editora, pp. 55-79, 2008.

_____. *O direito à imortalidade*: o exercício de direitos reprodutivos mediante técnicas de reprodução assistida e o estatuto jurídico do embrião *In Vitro*. Coimbra: Almedina, 2014.

_____. "Pode trazer o menu, por favor? Quero escolher o meu embrião – Os múltiplos casos de selecção de embriões em sede de diagnóstico genético pré-implantação", *In: Lex Medicinae* – Revista Portuguesa de Direito da Saúde, ano 4, nº 8, pp. 59-84, 2007.

_____. "Tudo aquilo que você sempre quis saber sobre contratos de gestação (mas o legislador teve medo de responder)", *In: Revista do Ministério Público,* vol. 149, pp. 9-51, 2017.

_____; DANTAS, Eduardo. "Aspectos jurídicos da reprodução assistida *post--mortem*, em perspectiva comparada Brasil-Portugal", em *Lex Medicinae* – Revista Portuguesa de Direito da Saúde, ano 7, nº 14. Coimbra: Centro de Direito Biomédico/ Coimbra Editora, pp. 81-94, 2010.

REIS, Rafael Vale e. *O direito ao conhecimento das origens genéticas.* Coimbra: Coimbra Editora, 2008.

_____. "Responsabilidade penal na procriação medicamente assistida – A criminalização do recurso à maternidade de substituição e outras opções legais duvidosas", *In: Lex Medicinae* – Revista Portuguesa de Direito da Saúde, ano 7, n. 13, pp. 69-93, 2010.

ROSPIGLIOSI, Enrique Varsi. *Derecho genético y procreático.* 4ª ed. atual. 1ª ed. para Bolívia. La Paz: ABIODGE – Asociación Boliviana de Bioética & Derecho Genético y Biotecnología, 2005.

SACHDEV, Nidhee M. *et al.* "Diagnosis and clinical management of embryonic mosaicism". Disponível em: http://dx.doi.org/10.1016/j.fertnstert.2016.10.006 Acesso em: 16/11/2016.

SAPKO, Vera Lucia da Silva. *Do direito à paternidade e maternidade dos homossexuais*: sua viabilização pela adoção e reprodução assistida. Curitiba: Juruá, 2005.

SCHUCK, Peter H. "Rethinking Informed Consent", *In: Yale Law Journal*, vol. 103, nº 4, pp. 899-960, 1994.

SCHUMAN, Jacob. "Beyond Nuremberg: A Critique of 'Informed Consent' in Third World Human Subject Research", *In: Journal of Law and Health*, vol. 25, pp. 123-153, 2012.

SCHWARTZ, Elizabeth F. "LGBT Issues in Surrogacy: Present and Future Challenges", *In: Handbook of Gestational Surrogacy* – International Clinical Practice and Policy Issues/E. Scott Sills (editor). Cambridge: Cambridge University Press, pp. 55-61, 2016.

SCOTT, Mary A. "Hard Choices: Where to Draw the Line on Limiting Selection in the Selective Reduction of Multifetal Pregnancies", *In: Minnesota Law Review*, vol. 100, nº 3, pp. 1211-1256, 2016.

SILVESTRE, Margarida. *Embriões excedentários:* entre a técnica, a lei e a ética. Coimbra: Coimbra Editora, 2015.

SINGER, William S. "Exploring New Terrain: Assisted Reproductive Technology (ART), the Law and Ethics", *In: Rutgers Journal of Law and Public Policy*, vol. 8, nº 5, pp. 918-933, 2011.

SHAHIN, Ahmed Y. "The problem of IVF cost in developing countries: has natural cycle IVF a place?" *In: Reproductive BioMedicine Online*, vol. 15, n. 1, pp. 51-56, 2007.

SHIVAKUMAR, Pryianka. "Count Your Chickens before They Hatch – How Multiple Pregnancies Are Endangering the Right to Abortion", *In: Brooklyn Law Review*, Vol. 78, nº 1, pp. 201-230, 2012.

SOARES, Vladimir Salles. "O embrião excedentário e as terapias celulares – uma análise da lei de biossegurança sob o prisma constitucional", *In: Novos direitos*/ Mauro Nicolau Júnior. Curitiba: Juruá, pp. 625-691, 2007.

SOUSA, Mário. "Casos clínicos em reprodução medicamente assistida", *In: A Condição Humana*/ Fundação Luso-Americana para o Desenvolvimento. Alfragide: Dom Quixote, pp. 37-51, 2009.

STEINBOCK, Bonnie. "SHEEFs, Sentience, and the 14-Day Rule". Disponível em: http://www.bioethics.uniongraduatecollege.edu/blog/6672/SHEEFs-Sentience-and-the-14-Day-Rule Acesso em: 31/03/2017.

STEINER, Elisabeth; ROSU, Andreea Maria. "Medically Assisted Reproductive Technologies (ART) and Human Rights – European Perspective", *In: Frontiers of Law in China*, vol. 11, nº 2, pp. 339-369, 2016.

STRASSER, Mark. "Tradition Surrogacy Contracts, Partial Enforcement, and the Challenge for Family Law", *In: Journal of Health Care Law and Policy*, vol. 18, nº 1, pp. 85-114, 2015.

SWAIN, Margaret E. "The Essentials of Informed Consent", *In: Family Advocate*, vol. 34, pp. 18-22, 2011.

TEDESCO, Mariarosa. "La procreazione medicalmente assistita", *In: Fecondazione eterologa* / Maurizio de Tilla *et al.* (coord.). Milanofiori: UTET Giuridica, pp. 1-21, 2015.

TEOH, Pek Joo; MAHESHWARI, Abha. "Low-Cost in Vitro Fertilization: Current Insights", *In: International Journal of Women's Health*, vol. 6, pp. 817–827, 2014.

TERAMOTO, Shokichi; KATO, Osamu. "Minimal ovarian stimulation with clomiphene citrate: a large-scale retrospective study", *In: Reproductive BioMedicine Online,* vol. 15, n. 2, pp. 134-148, 2007.

The Nuremberg Code (1947) *In*: Mitscherlich A, Mielke F. *Doctors of infamy: the story of the Nazi medical crimes.* New York: Schuman, 1949: xxiii-xxv.

WELSTEAD, Mary. "International Surrogacy: Arduous Journey to Parenthood", *In: Journal of Comparative Law*, vol. 9, n. 1, 298-338, 2014.

WHETSTINE, Leslie M.; BEACH, Bradley G. "Surrogacy's Changing Social Profile", *In: Handbook of Gestational Surrogacy – International Clinical Practice and Policy Issues*/E. Scott Sills (editor). Cambridge: Cambridge University Press, pp. 33-40, 2016.

ANEXO

PORTARIA Nº 426/GM Em 22 de março de 2005.

> Institui, no âmbito do SUS, a Política Nacional de Atenção Integral em Reprodução Humana Assistida e dá outras providências.

O MINISTRO DE ESTADO DA SAÚDE, no uso de suas atribuições, e

Considerando a necessidade de estruturar no Sistema Único de Saúde – SUS uma rede de serviços regionalizada e hierarquizada que permita atenção integral em reprodução humana assistida e melhoria do acesso a esse atendimento especializado;

Considerando que a assistência em planejamento familiar deve incluir a oferta de todos os métodos e técnicas para a concepção e a anticoncepção, cientificamente aceitos, de acordo com a Lei nº 9.263, de 12 de janeiro de 1996, que regula o § 7º do art. 226 da Constituição Federal, que trata do planejamento familiar;

Considerando que, segundo a Organização Mundial da Saúde – OMS e sociedades científicas, aproximadamente, 8% a 15% dos casais têm algum problema de infertilidade durante sua vida fértil, sendo que a infertilidade se define como a ausência de gravidez após 12 (doze) meses de relações sexuais regulares, sem uso de contracepção;

Considerando que as técnicas de reprodução humana assistida contribuem para a diminuição da transmissão vertical e/ou horizontal de doenças infecto-contagiosas, genéticas, entre outras;

Considerando a necessidade de estabelecer mecanismos de regulação, fiscalização, controle e avaliação da assistência prestada aos usuários; e

Considerando a necessidade de estabelecer os critérios mínimos para o credenciamento e a habilitação dos serviços de referência de Média e Alta Complexidade em reprodução humana assistida na rede SUS,

R E S O L V E:

Art. 1º Instituir, no âmbito do Sistema Único de Saúde – SUS, a Política Nacional de Atenção Integral em Reprodução Humana Assistida, a ser implantada em todas as unidades federadas, respeitadas as competências das três esferas de gestão.

Art. 2º Determinar que a Política Nacional de Atenção Integral em Reprodução Humana Assistida seja implantada de forma articulada entre o Ministério da Saúde, as Secretarias de Estado de Saúde e as Secretarias Municipais de Saúde, permitindo:

I – organizar uma linha de cuidados integrais (promoção, prevenção, tratamento e reabilitação) que perpasse todos os níveis de atenção, promovendo, dessa forma, a atenção por intermédio de equipe multiprofissional, com atuação interdisciplinar;

II – identificar os determinantes e condicionantes dos principais problemas de infertilidade em casais em sua vida fértil, e desenvolver ações transetoriais de responsabilidade pública, sem excluir as responsabilidades de toda a sociedade;

III – definir critérios técnicos mínimos para o funcionamento, o monitoramento e a avaliação dos serviços que realizam os procedimentos e técnicas de reprodução humana assistida, necessários à viabilização da concepção, tanto para casais com infertilidade, como para aqueles que se beneficiem desses recursos para o controle da transmissão vertical e/ou horizontal de doenças;

IV – fomentar, coordenar e executar projetos estratégicos que visem ao estudo do custo-efetividade, eficácia e qualidade, bem como a incorporação tecnológica na área da reprodução humana assistida no Brasil;

V – promover intercâmbio com outros subsistemas de informações setoriais, implementando e aperfeiçoando permanentemente a produção de dados e garantindo a democratização das informações; e

VI – qualificar a assistência e promover a educação permanente dos profissionais de saúde envolvidos com a implantação e a implementação da Política de Atenção Integral em Reprodução Humana Assistida, em conformidade com os princípios da integralidade e da Política Nacional de Humanização – PNH.

Art. 3º Definir que a Política Nacional de Atenção Integral em Reprodução Humana Assistida, de que trata o artigo 1º desta Portaria, seja constituída a partir dos seguintes componentes fundamentais:

I – Atenção Básica: é a porta de entrada para a identificação do casal infértil e na qual devem ser realizados a anamnese, o exame clínico-ginecológico e um elenco de exames complementares de diagnósticos básicos, afastando-se patologias, fatores concomitantes e qualquer situação que interfira numa futura gestação e que ponham em risco a vida da mulher ou do feto;

II – Média Complexidade: os serviços de referência de Média Complexidade estarão habilitados a atender aos casos encaminhados pela Atenção Básica, realizando acompanhamento psicossocial e os demais procedimentos do elenco deste nível de atenção, e aos quais é facultativa e desejável, a realização de todos os procedimentos diagnósticos e terapêuticos relativos à reprodução humana assistida, à exceção dos relacionados à fertilização in vitro; e

III – Alta Complexidade: os serviços de referência de Alta Complexidade estarão habilitados a atender aos casos encaminhados pela Média Complexidade, estando capacitados para realizar todos os procedimentos de Média Complexidade, bem como a fertilização in vitro e a inseminação artificial.

§ 1º A rede de atenção de Média e Alta Complexidade será composta por:

a) serviços de referência de Média e Alta Complexidade em reprodução humana assistida; e

b) serviços de Assistência Especializada – SAE que são de referência em DST/HIV/Aids.

§ 2º Os componentes descritos no caput deste artigo devem ser organizados segundo o Plano Diretor de Regionalização – PDR de cada unidade federada e segundo os princípios e diretrizes de universalidade, eqüidade, regionalização, hierarquização e integralidade da atenção à saúde.

Art. 4º A regulamentação suplementar e complementar do disposto nesta Portaria ficará a cargo dos estados, do Distrito Federal e dos municípios, com o objetivo de regular a atenção em reprodução humana assistida.

§ 1º A regulação, a fiscalização, o controle e a avaliação das ações de atenção em reprodução humana assistida serão de competência das três esferas de governo.

§ 2º Os componentes do caput deste artigo deverão ser regulados por protocolos de conduta, de referência e de contra-referência em todos os níveis de atenção que permitam o aprimoramento da atenção, da regulação, do controle e da avaliação.

Art. 5º A capacitação e a educação permanente das equipes de saúde de todos os âmbitos da atenção envolvendo os profissionais de nível superior e os de nível técnico, deverão ser realizadas de acordo com as diretrizes do SUS e alicerçadas nos pólos de educação permanente em saúde.

Art.6º Determinar à Secretaria de Atenção à Saúde – SAS, isoladamente ou em conjunto com outras Secretarias do Ministério da Saúde, que adote todas as providências necessárias à plena estruturação da Política Nacional de Atenção Integral em Reprodução Humana Assistida, ora instituída.

Art. 7º Esta Portaria entra em vigor na data de sua publicação.

Provimento CNJ nº 52, de 15/03/2016

Dispõe sobre o registro de nascimento e emissão da respectiva certidão dos filhos havidos por reprodução assistida.

A Corregedora Nacional de Justiça, Ministra Nancy Andrighi, no uso de suas atribuições legais e constitucionais,

Considerando o previsto no art. 227, § 6º, da Constituição Federal, e no art. 1.609 do Código Civil;

Considerando as disposições do Provimento nº 13/2010 da Corregedoria Nacional de Justiça, bem como da Resolução nº 175/2013 deste Conselho;

Considerando o acórdão proferido pelo Supremo Tribunal Federal, em 05.05.2011, no julgamento conjunto da ADPF nº 132/RJ e da ADI nº 4277/DF, em que foi reconhecida a união contínua, pública e duradoura entre pessoas do mesmo sexo como família, com eficácia erga omnes e efeito vinculante para toda a Administração Pública e os demais órgãos do Poder Judiciário;

Considerando o acórdão proferido pela Quarta Turma do Superior Tribunal de Justiça, em 25/10/2011, no julgamento do REsp 1.183.378/RS, que garantiu às pessoas do mesmo sexo o direito ao casamento civil;

Considerando a Resolução nº 2.121/2015, do Conselho Federal de Medicina, que estabelece as normas éticas para o uso de técnicas de reprodução assistida, tornando-a o dispositivo deontológico a ser seguido por todos os médicos brasileiros;

Considerando a necessidade de uniformização em todo território nacional do registro de nascimento e da emissão da respectiva certidão para os filhos havidos por técnica de reprodução assistida, de casais heteroafetivos e homoafetivos.

Resolve:

Art. 1º O assento de nascimento dos filhos havidos por técnicas de reprodução assistida, será inscrito no livro "A", independentemente de prévia autorização judicial e observada a legislação em vigor, no que for pertinente, mediante o comparecimento de ambos os pais, seja o casal heteroafetivo ou homoafetivo, munidos da documentação exigida por este provimento.

§ 1º Se os pais forem casados ou conviverem em união estável, poderá somente um deles comparecer no ato de registro, desde que apresentado o termo referido no art. 2º, § 1º, inciso III deste Provimento.

§ 2º Nas hipóteses de filhos de casais homoafetivos, o assento de nascimento deverá ser adequado para que constem os nomes dos ascendentes, sem haver qualquer distinção quanto à ascendência paterna ou materna.

Art. 2º É indispensável, para fins de registro e da emissão da certidão de nascimento, a apresentação dos seguintes documentos:

I – declaração de nascido vivo – DNV;

II – declaração, com firma reconhecida, do diretor técnico da clínica, centro ou serviço de reprodução humana em que foi realizada a reprodução assistida, indicando a técnica adotada, o nome do doador ou da doadora, com registro de seus dados clínicos de caráter geral e características fenotípicas, assim como o nome dos seus beneficiários;

III – certidão de casamento, certidão de conversão de união estável em casamento, escritura pública de união estável ou sentença em que foi reconhecida a união estável do casal.

§ 1º Nas hipóteses de doação voluntária de gametas ou de gestação por substituição, deverão ser também apresentados:

I – termo de consentimento prévio, por instrumento público, do doador ou doadora, autorizando, expressamente, que o registro de nascimento da criança a ser concebida se dê em nome de outrem;

II – termo de aprovação prévia, por instrumento público, do cônjuge ou de quem convive em união estável com o doador ou doadora, autorizando, expressamente, a realização do procedimento de reprodução assistida.

III – termo de consentimento, por instrumento público, do cônjuge ou do companheiro da beneficiária ou receptora da reprodução assistida, autorizando expressamente a realização do procedimento.

§ 2º Na hipótese de gestação por substituição, não constará do registro o nome da parturiente, informado na declaração de nascido vivo – DNV.

§ 3º Nas hipóteses de reprodução assistida *post-mortem*, além dos documentos elencados acima, conforme o caso, deverá ser apresentado termo de autorização prévia específica do falecido ou falecida para o uso do material biológico preservado, lavrado por instrumento público.

§ 4º O conhecimento da ascendência biológica não importará no reconhecimento de vínculo de parentesco e dos respectivos efeitos jurídicos entre o doador ou a doadora e o ser gerado por meio da reprodução assistida.

Art. 3º É vedada aos Oficiais Registradores a recusa ao registro de nascimento e emissão da respectiva certidão para os filhos havidos por técnicas de reprodução assistida, nos termos deste Provimento.

§ 1º A recusa prevista no caput deverá ser comunicada ao respectivo juiz corregedor para as providências disciplinares cabíveis.

§ 2º Todos os documentos referidos no art. 2º deste Provimento deverão permanecer arquivados em livro próprio do Cartório de Registro Civil.

Art. 4º Este Provimento entra em vigor na data de sua publicação.

Este livro foi impresso nas oficinas gráficas da Editora Vozes Ltda.,
Rua Frei Luís, 100 – Petrópolis, RJ.